Igualdade

Thomas Piketty
Michael J. Sandel

Igualdade
Significado e importância

1ª edição

Tradução de
Maria de Fátima Oliva Do Coutto

Prefácio
Laura Carvalho

Rio de Janeiro
2025

Copyright © Thomas Piketty e Michael J. Sandel 2025

Título original: *Equality: What It Means and Why It Matters*

Diagramação: Abreu's System

Todos os direitos reservados. É proibido reproduzir, armazenar ou transmitir partes deste livro, através de quaisquer meios, sem prévia autorização por escrito.

Texto revisado segundo o Acordo Ortográfico da Língua Portuguesa de 1990.

Direitos desta tradução adquiridos pela
EDITORA CIVILIZAÇÃO BRASILEIRA
Um selo da
EDITORA JOSÉ OLYMPIO LTDA.
Rua Argentina, 171 – 3º andar – São Cristóvão
Rio de Janeiro, RJ – 20921-380
Tel.: (21) 2585-2000.

Seja um leitor preferencial Record.
Cadastre-se no site www.record.com.br
e receba informações sobre nossos lançamentos e nossas promoções.

Atendimento e venda direta ao leitor:
sac@record.com.br

CIP-BRASIL. CATALOGAÇÃO NA PUBLICAÇÃO
SINDICATO NACIONAL DOS EDITORES DE LIVROS, RJ

P685i

    Piketty, Thomas, 1971-
        Igualdade: significado e importância / Thomas Piketty, Michael J. Sandel; tradução Maria de Fátima Oliva do Coutto; prefácio Laura Carvalho. – 1. ed. – Rio de Janeiro: Civilização Brasileira, 2025.

        Tradução de: *Equality : what it means and why it matters.*
        ISBN 978-65-5802-189-6

        1. Igualdade – História. 2. Estratificação social – História. 3. Classes sociais – História. 4. Renda – Distribuição – História. I. Sandel, Michael J., 1953- II. Coutto, Maria de Fátima Oliva do, 1951-. III. Carvalho, Laura. IV. Título.

| 25-96386 | CDD: 305.5 |
| | CDU: 316.343.7 |

Meri Gleice Rodrigues de Souza - Bibliotecária – CRB-7/6439

Impresso no Brasil
2025

Sumário

Prefácio, por Laura Carvalho   7
Nota sobre o texto   13

1. Por que devemos nos preocupar com a desigualdade?   15

2. O dinheiro deveria ter menos importância?   23

3. Os limites morais dos mercados   35

4. Globalização e populismo   49

5. Meritocracia   63

6. Loterias: os sorteios deveriam desempenhar algum papel na admissão nas universidades e no processo seletivo parlamentar?   75

7. Tributação, solidariedade e comunidade   91

8. Fronteiras, migração e mudança climática   103

9. O futuro da esquerda: economia e identidade   125

Prefácio

*Laura Carvalho**

O debate sobre desigualdade nunca foi tão urgente no Brasil. Vivemos em um dos países mais desiguais do mundo e nosso histórico de concentração de riqueza não apenas persiste, mas define as oportunidades de vida da maioria da população. O que esta conversa entre Thomas Piketty e Michael Sandel nos mostra é que as implicações da desigualdade vão além dos números e tocam na própria estrutura da democracia, da economia e da vida social.

A ideia de que basta reduzir a pobreza para que uma sociedade seja mais justa ignora o que Piketty e Sandel

---

* Diretora global de Prosperidade Econômica e Climática da Open Society Foundations, professora associada do Departamento de Economia da FEA-USP e Senior Fellow do Schwartz Center for Economic Policy Analysis (SCEPA). É autora dos livros *Valsa brasileira: do boom ao caos econômico* e *Curto-circuito: o vírus e a volta do Estado* (ambos publicados pela Todavia).

IGUALDADE

chamam de *distâncias sociais*. No Brasil, décadas de crescimento econômico não impediram que as elites continuassem a deter os espaços de decisão política, as melhores oportunidades de educação e acesso à saúde e, mais importante, o controle sobre a narrativa pública.

A desigualdade extrema não apenas limita o alcance a bens essenciais, mas mina a própria noção de democracia ao concentrar poder e influência em um pequeno grupo. Piketty e Sandel consideram que a desigualdade não é apenas um problema econômico, é também de dignidade: sociedades desiguais restringem a autonomia dos indivíduos, perpetuando relações de dependência e submissão. A dignidade está diretamente ligada à possibilidade de participação plena na sociedade, o que se torna impossível quando poucos controlam as oportunidades e os recursos disponíveis.

No Brasil, o debate tributário, por exemplo, tem sido sequestrado por uma visão distorcida que enxerga a cobrança de impostos apenas como uma forma de o Estado drenar os recursos da população. Isso ignora o papel central da tributação na construção de sociedades mais igualitárias e desenvolvidas. Como Piketty e Sandel demonstram, os países que melhor equilibraram crescimento e justiça social o fizeram por meio de sistemas tributários progressivos, em que os mais ricos

PREFÁCIO

contribuem proporcionalmente mais para financiar bens públicos fundamentais.

Qualquer tentativa de aumentar os tributos dos brasileiros mais ricos, os que correspondem a 0,1% da população – as pessoas que pagam menos impostos sobre a sua renda do que as demais – é combatida com o argumento de que isso desestimularia investimentos. Para além de carecer de evidência empírica, essa visão falha ao ignorar o papel da tributação na redução de desigualdades estruturais e no fortalecimento da coesão social. Sandel e Piketty argumentam que a tributação não pode ser vista apenas como um instrumento técnico, mas como uma expressão de solidariedade e pertencimento. Sociedades que enxergam os impostos dessa forma têm Estados mais eficientes e democracias mais fortes.

Indo além da análise das desigualdades dentro de cada país, Piketty e Sandel também discutem diversas consequências da desigualdade entre países, tal como a migração e a crise climática. Os países historicamente mais ricos foram responsáveis pela maior parte das emissões de carbono ao longo dos séculos, mas os efeitos das mudanças climáticas recaem desproporcionalmente sobre as nações mais pobres. Piketty e Sandel defendem a implementação de uma tributação mínima global para multinacionais e bilionários que financie políticas de adaptação climática e desenvolvimento sustentável. Esse mecanismo redistributivo não apenas ajudaria a enfrentar os impactos da crise climática, mas também corrigiria distorções históricas que perpetuam a desigualdade entre o Norte e o Sul global. Sem uma mudança estrutural no sistema econômico em escala planetária, as promessas de desenvolvimento sustentável permanecerão vazias.

No capítulo que conclui o livro, Piketty e Sandel debatem o futuro da esquerda e a relação entre identidade e economia. Se houve um erro estratégico cometido pela esquerda nos últimos anos, foi permitir que a extrema direita monopolizasse o discurso do patriotismo. Como os autores argumentam, a identidade nacional não pode ser deixada nas mãos de quem a usa para excluir e dividir. Para disputar corações e mentes, a esquerda precisa ressignificar o patriotismo como um compromisso com a justiça social, com a redução da desigualdade e com um projeto de país que funcione para todos.

No Brasil, isso passa necessariamente por políticas que tornem a economia mais inclusiva, que fortaleçam a educação pública e que garantam trabalho digno. A esquerda não pode falar apenas em direitos individuais, mas precisa apresentar um projeto coletivo de

PREFÁCIO

pertencimento, que faça frente ao discurso excludente da extrema direita e recupere a confiança da população.

A edição brasileira deste livro chega em um momento decisivo. O Brasil enfrenta desafios profundos para combater a desigualdade, redefinir o papel do Estado e reconstruir um senso de pertencimento coletivo. A conversa entre Piketty e Sandel não apenas analisa esses problemas, mas propõe caminhos para enfrentá-los.

Nota sobre o texto

Este livro é a versão editada de uma conversa entre Thomas Piketty e Michael Sandel, na Escola de Economia de Paris, em 20 de maio de 2024.

1.
Por que devemos nos preocupar com a desigualdade?

MICHAEL J. SANDEL. Thomas, obrigado por nos receber na Escola de Economia de Paris para esta discussão a respeito da igualdade. Uma das maneiras de explorar o significado de igualdade é começar questionando a importância da desigualdade. Sua pesquisa revelou de forma vívida, para todos nós, o quão gritantes são as desigualdades de renda e de riqueza. Comecemos a nossa conversa falando dessas desigualdades. Você mostrou que, na Europa, a parcela da população que compõe os 10% mais ricos abarca mais de um terço da renda e é dona de mais da metade de todas as propriedades. E, nos Estados Unidos, as desigualdades são ainda mais gritantes. Muitos de nós achamos essa disparidade preocupante, mas por que isso representa, de fato, um problema?

THOMAS PIKETTY. Fico muito feliz pela oportunidade de termos esta conversa.

IGUALDADE

Em primeiro lugar, gostaria de ressaltar que sou otimista quanto à questão da igualdade e da desigualdade. Deixo isso claro no meu último livro, *Uma breve história da igualdade*, no qual afirmo que, apesar da grande desigualdade existente hoje na Europa, nos Estados Unidos, na Índia, no Brasil – na verdade, no mundo inteiro –, a longo prazo, tem ocorrido um movimento rumo a uma igualdade maior. De onde surge esse movimento? E essa será uma forma de responder à sua pergunta. Esse movimento vem da mobilização social e de uma forte e extraordinária exigência política visando à igualdade de direito de acesso ao que as pessoas percebem como bens fundamentais. Dentre eles, cito a educação, a saúde, o direito ao voto e, em termos mais amplos, a participação mais abrangente possível nas diversas formas da vida social, cultural, econômica, cívica e política. Em seu trabalho, você ressaltou o papel do autogoverno e da participação. E acredito que esse apetite pela participação democrática e pelo autogoverno também vem conduzindo esse movimento rumo a uma maior igualdade a longo prazo.

No entanto, ele não existe desde sempre; com certeza não existia desde a época pré-histórica. Esse movimento começa, mais especificamente, no final do século XVIII, com a Revolução Francesa e a extinção dos privilégios da aristocracia e, até certo ponto, com a Revolução Americana. E prossegue no século XIX, com a abolição da escravatura, o surgimento dos movimentos operários e o sufrágio masculino universal, seguido pelo surgimento do sufrágio feminino universal. E continua no século XX, com o desenvolvimento da previdência social, do imposto progressivo e da descolonização, chegando até as décadas mais recentes. Por vezes, mencionamos a era neoliberal iniciada na década de 1980 como uma era de crescente desigualdade. Em certa medida, é verdade. Porém, em algumas dimensões da desigualdade, incluídas as desigualdades de raça, de gênero e, em certa medida, a existente entre o Norte e o Sul, o movimento a longo prazo rumo a uma igualdade maior continuou. E, na minha opinião, continuará no futuro. Por quê? Porque, junto com a intensificação da modernidade, há a intensificação da consciência democrática, um apetite pelo igual acesso aos bens fundamentais, à participação sob todas as formas, à dignidade sob todas as formas. E essa é, na verdade, a força motriz, até mesmo para as dimensões da desigualdade monetária.

Para concluir, respondo à sua pergunta específica referente às desigualdades de renda e riqueza. Os números que mencionou, atestando os elevados níveis de desigualdade atuais, estão corretos, mas eram ainda mais altos há cem anos, e ainda piores duzentos anos atrás. Então houve progresso a longo prazo. Nunca foi fácil. Sempre envolveu tremendas lutas políticas e mobilização social. E continuará sendo assim. A boa notícia é que algumas batalhas podem ser vencidas, como ocorreu no passado. Estudar essas batalhas pode ser uma das mais eficientes maneiras de nos preparar para os próximos passos.

SANDEL. Pelo que entendi, você acabou de identificar três razões que colocam a desigualdade como um problema. Uma é o acesso aos bens básicos para todos. A segunda é a igualdade política – voz, poder, participação. Em seguida, você mencionou por alto a terceira: a dignidade. Gostaria de saber se podemos explicar a importância da igualdade e a da desigualdade considerando essas três razões isoladas.

Suponhamos, hipoteticamente, a existência das mesmas desigualdades de renda e propriedade presentes hoje, mas que fosse possível, de um jeito ou de outro, isolar o processo político dessas desigualdades econômicas. Então, imaginemos a possibilidade de financiamentos públicos de campanhas sem contribuições privadas. Suponhamos a possibilidade de regulamentar o lobby, a fim de evitar que a opinião de empresas influentes e de indivíduos abastados ocupe um lugar desproporcional na política. Suponhamos que, de algum modo, fosse possível isolar a voz e a participação política dos efeitos das desigualdades de renda e riqueza. E suponhamos ser possível conceder acesso aos bens humanos básicos – saúde, educação, moradia, alimentação, transporte – graças a um Estado de bem-estar social mais generoso. Dessa forma, estamos imaginando a possibilidade de resolver o primeiro problema – o acesso aos bens básicos – e o segundo – o acesso à participação e à voz política –, mas ainda deixando intactas as desigualdades de renda e riqueza. Será que, mesmo assim, isso constituiria um problema?

PIKETTY. Acredito que ainda assim seria um problema, em particular no que diz respeito à dignidade básica e às relações humanas e de poder, que caminham de mãos dadas com a desigualdade. A distância monetária não significa apenas distância monetária. Ela vem acompanhada da distância social. Claro, a influência de empresas na política e na mídia é um dos mais visíveis impactos do dinheiro na esfera pública. E é muito difícil imaginar como solucionar esse problema com o tipo de escala de renda e riqueza atual. Porém, mesmo que pudéssemos fazer isso, levando sua experiência de

IGUALDADE

pensamento a sério, ainda haveria uma enorme desigualdade de poder sobre o tempo dos outros. Ou seja, se ao despender o equivalente a uma hora de minha renda posso comprar o seu ano inteiro de trabalho, isso revela a existência de modalidades de distância social nas relações humanas que suscitam preocupações e questionamentos seríssimos. Portanto, a própria estrutura de seus ideais de democracia e autogoverno, que englobam não apenas a organização formal de campanhas políticas e o acesso formal às notícias, mas também todas essas relações mais informais em nossa comunidade local – relações sociais nas quais as pessoas interagem, entram em deliberação –, são ameaçadas pelas colossais desigualdades monetárias.

Por fim, creio que o argumento político e filosófico mais importante seja de fato um argumento histórico: historicamente, conseguimos abordar todas essas questões em conjunto. Fomos capazes de reduzir em muito a desigualdade – não apenas o acesso aos bens básicos e à participação, mas também a desigualdade monetária em termos de renda e riqueza. Se observarmos o que ocorre atualmente, apesar do aumento da desigualdade nas décadas recentes, notamos que, na Europa, a disparidade de renda entre os 10% ou o 1% do topo da pirâmide e

POR QUE DEVEMOS NOS PREOCUPAR COM...

os 50% ou os 10% de sua base é infinitamente menor do que há cem anos. Isso não é algo tão presente nos Estados Unidos, embora ainda assim seja constatado, se comparado a como as coisas eram cem anos atrás.

Então, nos movemos muito rumo a um grau maior de igualdade a longo prazo – e isso não ocorreu à custa da prosperidade ou de quaisquer outros objetivos legítimos que possamos querer equilibrar com a igualdade –, mas, na realidade, esse foi um elemento-chave para o surgimento da prosperidade moderna. Por quê? Porque subjacente ao enorme aumento da prosperidade observado em termos históricos, o surgimento de um sistema socioeconômico mais inclusivo e igualitário – em particular permitindo o acesso mais inclusivo à educação – foi absolutamente fundamental.

No entanto, há dois limites para tanto. O primeiro: quando mencionamos o acesso aos bens básicos, precisamos ter em mente que os bens considerados básicos cem anos atrás não são os mesmos de hoje. Assim, atualmente, um ponto fundamental é ter um sistema justo de educação, abrangendo também o ensino superior, um tema sobre o qual você tem escrito e a respeito do qual conversaremos mais adiante. Resumindo, por enquanto, penso que o fato de termos meio que desistido de um objetivo igualitário ambicioso para a educação superior é a origem de muitos de nossos problemas atuais – econômicos e, acima de tudo, democráticos.

Uma segunda ressalva importante, que gostaria de enfatizar de imediato, é a dimensão internacional e a existente entre o Norte e o Sul. Grande parte da prosperidade atual no Norte e na Europa e, em termos históricos, nos Estados Unidos, não se deve apenas ao avanço na educação e a investimentos mais inclusivos na educação e na capacitação, o que, de certa forma, é uma transformação institucional bastante positiva – e vantajosa para todos –, mas também se deu graças à divisão mundial de trabalho. Na prática, isso ocorre em consequência da exploração de recursos – tanto naturais quanto humanos –, por vezes bastante brutal, acrescida do custo adicional, é claro, da ameaça à sustentabilidade planetária, observada cada vez mais. E, para mim, isso é, sem dúvida, a principal limitação desse positivo movimento rumo a uma maior igualdade e prosperidade à qual me referia como o principal desafio no futuro. Contudo, também é uma das razões pelas quais, no final das contas, ainda quero ser otimista, pois acredito que a única maneira de lidar com esses novos desafios planetários é acelerar ainda mais o processo rumo à igualdade, bem mais do que imaginamos no passado.

2.
O dinheiro deveria ter menos importância?

MICHAEL J. SANDEL. Ótimo. Então já identificamos e começamos a discutir três aspectos da igualdade. Um é o econômico; o segundo, o político; e o terceiro diz respeito às relações sociais – a dignidade, o status e o respeito. Gostaria de voltar em breve ao terceiro, pois, em muitos aspectos, é o mais desafiador e talvez o mais intrigante. Mas, primeiro, gostaria de discutir suas propostas de como lidar com essas três dimensões da desigualdade. As propostas priorizam uma tributação progressiva mais alta, um desenvolvimento mais amplo do bem-estar social, e impostos sobre a herança capazes de assegurar um legado para todos.

Apoio todas as três propostas. Alguns podem alegar que elas equivalem ao tipo de projeto social-democrático já existente, à diferença apenas de ser uma versão mais robusta, com o objetivo de concretizar o projeto de modo mais amplo. Mas então, ao ler o seu trabalho, observei algumas propostas potencialmente mais radicais e que podem equivaler a uma redefinição do projeto social-democrático subjacente a essas propostas mais familiares. Uma delas, bastante interessante, diz respeito ao aspecto transnacional. Mas antes de discutirmos essa proposta, você sugere uma desmercantilização da economia e da vida social. Gostaria de fazer uma pergunta a respeito da desmercantilização em relação à redistribuição, pois o projeto social-democrático padrão trata basicamente da redistribuição da renda e da riqueza e, portanto, da voz política.

Posso lhe sugerir outro experimento de pensamento, desta vez sobre redistribuição e desmercantilização? Imagine dois modos de enfrentar as desigualdades que estamos discutindo. A primeira seria tentar distribuir a renda e a riqueza de modo a proporcionar a todos mais poder de compra comparável, mas manter a economia tão mercantilizada quanto o é atualmente. Essa seria a solução número um. Solução número dois: manter a distribuição da renda e da riqueza atual, mas desmercantilizar a economia e a vida social para que o dinheiro tenha menos importância. Assim, por exemplo, suponha que os bens humanos fundamentais – o acesso à educação, à saúde, à moradia, à voz política, à influência e à participação – pudessem ser desmercantilizados.

O DINHEIRO DEVERIA TER MENOS IMPORTÂNCIA?

Suponha que pudéssemos desmercantilizar a vida social a tal ponto que a única vantagem real de ser rico seria a capacidade de comprar coisas como iates, caviar, cirurgias cosméticas e outros luxos. Se pudéssemos escolher um desses dois projetos, ou seja, a redistribuição radical, mas mantendo a mercantilização igual, ou manter a atual distribuição, mas promover a desmercantilização da vida social, qual seria a sua preferida?

THOMAS PIKETTY. Em primeiro lugar, antes de responder à sua pergunta, gostaria de pontuar que a democracia social foi, no passado, um projeto radical. Quando os sociais-democratas suecos chegaram ao poder pela primeira vez, nos anos 1930, e, em seguida, após o final da Segunda Guerra Mundial, e quando o Partido dos Trabalhadores chegou ao poder em 1945, eles nomearam, inclusive para o cargo de ministro, pessoas que tinham abandonado a escola aos 11, 12 ou 13 anos. Levaram mineiros ao poder. Os sociais-democratas chegaram em países com tradição aristocrática – não apenas a Inglaterra, mas também a Suécia. Até a Primeira Guerra Mundial, a Suécia era um país onde apenas os 20% mais ricos da população masculina podiam votar, e, nesse grupo, cada indivíduo podia deter entre 1 a 100 votos, dependendo de suas posses. Nas eleições municipais não havia teto, o que significa que em várias dezenas de municípios apenas um indivíduo tinha mais de 50% dos votos, ou seja, era um perfeito e legítimo ditador. Essa era a Suécia até a Primeira Guerra Mundial. É daí que viemos e é importante nos darmos conta de já termos percorrido um longo caminho. Isso também mostra que nada está cristalizado, que o grau de igualdade ou desigualdade não é determinado por atributos culturais ou civilizacionais permanentes, e que as coisas podem mudar em decorrência da mobilização política.

Vou prosseguir com esse exemplo, que também me levará ao princípio da desmercantilização. Quando, graças ao movimento sindicalista, os sociais-democratas assumiram o poder na Suécia, nos anos 1930 e 1940, eles foram capazes de provar que o Estado em si não é a favor da igualdade ou da desigualdade. Essa posição depende de quem controla o Estado e o que faz com ele. O Partido Social-Democrata foi capaz de pôr a capacidade estatal da Suécia a serviço de um projeto completamente diferente, no qual, em vez de haver a distribuição de direitos de voto em função da renda e da riqueza de seus habitantes, é adotada uma tabela de imposto progressivo alto, de acordo com o valor da renda e da riqueza. E então você funda um sistema,

O DINHEIRO DEVERIA TER MENOS IMPORTÂNCIA?

inclusive um sistema educacional, fora da lógica monetária e do lucro.

Esse é e sempre foi o princípio da desmercantilização, ao longo da história. Você retira de setores econômicos inteiros o poder da motivação do lucro. E a boa notícia é que isso não só funcionou, mas hoje abrange setores econômicos enormes. A educação e a saúde representam quase 25% da economia, uma porcentagem muito maior do que a de todos os setores industriais reunidos nos países desenvolvidos. E eles operam, em grande parte, fora da lógica do lucro, fora do modelo acionista/proprietário, e isso funciona muito bem. Em um país como os Estados Unidos, onde o setor de saúde opera basicamente sob a lógica do lucro, são gastos quase 20% do produto interno bruto (PIB) somente em saúde, mas com sofríveis resultados, se comparados aos dos países europeus nos quais os sistemas funcionam sob a lógica do serviço público. Enfim, essa desmercantilização deu certo ao longo da história. Está intimamente relacionada com a redistribuição e a compressão da escala de rendas e salários, e decorre da mobilização social-democrática e dos sindicatos, bastante radicais na época.

Lembre-se de quando Hayek escrevia a respeito do "caminho da servidão". Ele disse a seus amigos ingleses e suecos que votavam no Partido Trabalhista e no Partido Social-Democrata: "Vocês vão acabar como a União Soviética. Vão acabar sendo uma ditadura." Vindo de alguém que apoiou Augusto Pinochet nos anos 1970, ter tanto medo do Partido Social-Democrata sueco e do Partido dos Trabalhadores inglês pode soar engraçado hoje. Mas, na época, esses movimentos políticos eram vistos como se os bárbaros fossem assumir o controle do Estado. No final, eles deram muito certo.

Bem, o problema é que a social-democracia iniciada nos anos 1980, e em especial a partir de 1990 ou de 2000, após a queda da União Soviética, começou a se considerar – ou pelo menos alguns dos líderes dos partidos social-democratas passaram a agir assim – uma espécie de produto terminado ou congelado. E isso é um erro, pois o tipo de transformação que imagino para o século XXI é da mesma ordem de magnitude do ocorrido nos últimos cem anos. Em meu trabalho, discuto o socialismo participativo e o socialismo democrático, sistemas bem diferentes do sistema econômico atualmente em vigor. Eu diria, contudo, que ele não é mais diferente do tipo de sociedade social-democrática existente hoje do que a própria sociedade social-democrática atual difere do capitalismo de cem anos atrás. A mudança seria de magnitude similar.

O DINHEIRO DEVERIA TER MENOS IMPORTÂNCIA?

Quanto à questão da desmercantilização, vou tentar responder à sua pergunta sem rodeios. Qual das duas é mais importante? A compressão monetária da desigualdade ou a desmercantilização? Se a desmercantilização se aprofunda, é óbvio que a desigualdade monetária passa a ser quase irrelevante. Então, vamos supor que a economia seja 99% desmercantilizada. Isso significará livre acesso a 99% dos bens e serviços, tais como educação e saúde. Resta apenas 1% de bens e serviços mercantilizados, e a renda monetária corresponde a 1% da renda nacional, pois, é evidente, a renda nacional deve incluir – e inclui, em certa medida, em nossa contabilidade – serviços públicos gratuitos. Então, se o componente monetário da renda representa apenas 1% da renda nacional, quer haja uma diferença de renda de 1 para 5 ou de 1 para 10 ou mesmo de 1 para 20 nesse 1%, a renda não tem tanta relevância. Na verdade, não haverá espaço para cirurgias cosméticas caras nesse 1%, por conta do pouquíssimo poder de compra disponível. Porém, volto a repetir: uma vez dito isso, deveríamos estabelecer a compressão monetária da desigualdade e a desmercantilização ao mesmo tempo. Não só por isso já ter sido feito historicamente, mas porque a parcela de comercialização será bem maior do que 1% por um longo período.

IGUALDADE

Permita-me insistir nesse ponto, no histórico crescimento do Estado social. Alguns preferem chamá-lo de "Estado de bem-estar social". Prefiro a noção de "Estado social" porque inclui educação, outros serviços públicos e infraestrutura pública, não apenas a segurança social propriamente dita. O surgimento do Estado social, em termos históricos, foi possível graças ao crescimento dos sindicatos, dos fundos de seguridade social e das contribuições sociais para financiar esses fundos, e também graças ao grande aumento de tributações fortemente progressivas e a uma enorme compressão das disparidades salariais, de renda, de remuneração e de riqueza. Todos conhecemos essa história básica, mas às vezes as pessoas se esquecem de como muitos países viram o surgimento do Estado social – não apenas a Suécia, a Alemanha, a França e a Inglaterra, mas também os Estados Unidos, que durante muitas décadas do século xx tiveram uma alíquota máxima de imposto de renda na faixa de 80% e 90%. De 1930 a 1980, essa alíquota máxima alcançou, em média, 82%. Ao que parece, essa tributação não destruiu o capitalismo dos Estados Unidos – pelo contrário. Nessa época, a produtividade da economia lá, em termos de renda nacional por hora de trabalho, foi a mais alta do mundo, apresentando a maior disparidade em relação aos demais países.

O DINHEIRO DEVERIA TER MENOS IMPORTÂNCIA?

Por que isso aconteceu? Porque, na época, nos Estados Unidos, a educação foi mais difundida, o que, em certa medida, também foi visível no século xx. O abismo educacional entre os Estados Unidos e os demais países era considerável em meados do século xx. Nos anos 1950, 90% da geração mais jovem nos Estados Unidos passou a cursar o ensino médio. Na Alemanha, na França e no Japão, na mesma época, essa parcela não passava de 20% a 30%. Nesses quatro países, foi preciso aguardar a chegada da década de 1980 para que essas taxas de acesso ao ensino médio quase universais fossem alcançadas. E essa é a chave para a prosperidade. Em meados do século xx, a existência desse imposto de 80% a 90% para as rendas mais altas e para a herança de grandes fortunas não trouxe, afinal, consequências negativas para nenhum setor importante. Essa compressão das disparidades de renda, riqueza e salário foi promovida não só pela tributação progressiva, mas também pela implantação dos salários mínimos e pelo aumento do papel dos representantes dos trabalhadores nos sindicatos. Gostaria que, no futuro, esse papel ganhasse força no conselho das empresas.

Tudo isso foi de fundamental importância e contribuiu para a construção de um novo contrato social no qual a classe média aceitaria contribuir para o Estado social. Eles não só sabiam que seriam beneficiados, mas que os mais ricos pagariam muito mais do que eles. Hoje em dia, é evidente, a classe média suspeita fortemente – na verdade, mais que suspeita – que os mais ricos não estão pagando impostos justos. Em consequência, dizem: "Se é assim, não vou pagar para as pessoas mais pobres do que eu." E assim todo o contrato social estabelecido no século xx começa a desmoronar.

Por fim, essa tributação progressiva foi de grande importância, pois foi o que possibilitou regular o poder econômico que surge quando há uma enorme diferença salarial ou de renda entre as pessoas mais bem pagas no setor privado e os funcionários do governo. Há pouco falamos do efeito da disparidade monetária na regulação social e na dignidade, mas trata-se também de uma questão de eficiência. Se quiser ter as pessoas certas em suas agências de regulação pública e elas receberem salários vinte vezes mais baixos que os funcionários do Google, ou de outra empresa qualquer, temos um problema. E a solução não é aumentar vinte vezes os seus salários. A solução, obviamente, é reduzir, e muito, a disparidade salarial a fim de comprimir a desigualdade de rendas. De qualquer modo, em termos históricos, foi isso que deu certo.

O DINHEIRO DEVERIA TER MENOS IMPORTÂNCIA?

Predominantemente, sou um historiador social e econômico. Em meu trabalho como cientista social, examino a história da igualdade. E, repito, não temos de escolher entre a desmercantilização e a redistribuição porque, historicamente, as duas funcionaram lado a lado e obtiveram um incrível sucesso em conjunto.

3.
Os limites morais dos mercados

MICHAEL J. SANDEL. Tudo bem, permita-me insistir nesse assunto. Entendo como ambas funcionam em conjunto e podem se reforçar mutuamente. Contudo, parece haver dois motivos de preocupação quanto à excessiva desmercantilização da vida social e econômica. Um deles é o que você vem descrevendo: o aumento da importância do dinheiro, o que, em um contexto de desigualdade econômica, exclui o acesso a bens básicos como educação, saúde e voz política. Esse é, com certeza, um motivo importante para se preocupar com a mercantilização e se desejar desmercantilizar a vida social. Mas eu me pergunto o que você acha de um segundo motivo possível para buscar a desmercantilização da vida social, que não esteja relacionado à igualdade ou mesmo à promoção do acesso a bens humanos essenciais. Trata-se de saber se o fato de colocar tudo à venda pode baratear, corromper ou degradar o significado dos bens, além de obstruir o acesso aos que não podem arcar com seus custos.

Poderíamos usar como exemplo a educação superior. Se a educação é altamente mercantilizada, surge, evidentemente, a questão do acesso desigual, já discutida, à qual nós dois nos opomos. Mas será que isso também não leva os estudantes a perceber o propósito da educação basicamente em termos instrumentais – conseguir uma boa carreira e ganhar mais dinheiro? E será que isso não elimina ou enfraquece, na atitude dos estudantes e, em última instância, na das universidades, a preocupação com o bem intrínseco e o valor do ensino e do aprendizado?

THOMAS PIKETTY. Certamente. Assim como corrompe os professores. Muitos experimentos demonstraram que quando professores recebem incentivos financeiros em função das notas obtidas por seus alunos, a princípio as notas são mais altas; mas ao perguntar aos alunos, seis meses depois, o que de fato aprenderam, você se dá conta de que não aprenderam nada. Porque os professores lhes ensinaram a tirar notas altas nas provas, e não o conteúdo importante, as coisas que não desaparecem seis meses depois.

Você tem absoluta razão, e lamento se não deixei isso claro; na verdade, essa é a razão, a razão principal, de a desmercantilização ter funcionado no século xx, em especial nas áreas de educação e saúde. Poderíamos considerar outros exemplos na infraestrutura pública, no transporte coletivo, no setor de energia ou na cultura – poderíamos encontrar muitos outros exemplos em setores que, acredito, ocuparão provavelmente mais de 50% de nosso sistema econômico no século xxi, se não 60%, 70% ou até mesmo 80%. Mas se o processo de desmercantilização funcionou tão bem para a educação e a saúde, é exatamente porque esse tipo de motivação intrínseca que leva as pessoas a trabalhar nas áreas da educação e da saúde tende a ser destruído por motivos monetários ou de lucro.

Considere, por exemplo, o sistema de saúde nos Estados Unidos. Há muito tempo investe-se muito dinheiro nesse setor. Costumávamos dizer que o custo da assistência médica correspondia a 10%, 15% do seu PIB. Agora esse custo é de 18%, e em breve alcançará os 20%. E o que obtemos em termos de expectativa de vida, de estatísticas básicas de saúde? Resultados ruins, péssimos. Por que alguns sistemas públicos na Europa obtêm resultados muito melhores com menos dinheiro? Tudo bem, talvez os profissionais não sejam tão bem pagos. Os médicos na Europa às vezes não são tão ricos; são ricos, mas não tanto quanto nos Estados Unidos. Contudo, aparentemente, realizam um trabalho no mínimo tão bom quanto os médicos dos Estados Unidos.

Acredito que, ao desmercantilizar e proporcionar incentivos financeiros e salários mais elevados, destruímos muito do que as pessoas realmente valorizam em sua profissão, em sua vida. Essa conclusão não se baseia em um sonho, mas sim na análise do funcionamento do sistema. Algumas pessoas tentaram montar estruturas voltadas sempre para o lucro. Veja, por exemplo, a Trump University, uma universidade cujo objetivo é o lucro. Foi um desastre. E mesmo as escolas mais elitistas e caras – por exemplo, a Universidade de Harvard e as demais que fazem parte da Ivy League (grupo de oito instituições de ensino superior mais prestigiadas dos Estados Unidos, integrado pelas universidades Brown, Columbia, Cornell, Dartmouth, Harvard, Pennsylvania, Princeton e Yale) – não são governadas como empresas de sociedade anônima. Trata-se de instituições sem fins lucrativos. Isso não significa um funcionamento justo. Há muitos problemas em sua política de admissão, na obtenção de uma cadeira no conselho de Harvard e muitas outras coisas, mas pelo menos seu cargo de conselheiro e seu poder de voto não são transmitidos de modo automático para seus filhos – ou, ao menos, não é assim que deveria funcionar. Consequentemente, o dinheiro em geral e o proprietário privado em particular têm menos poder. As universidades funcionariam melhor como sociedades anônimas? Acredito que não, pois provavelmente teríamos destruído o que você, em Harvard, ou seus alunos, valorizam em uma instituição dedicada ao ensino e à pesquisa.

Então, sim, a desmercantilização se refere à motivação intrínseca, e isso pode ser estendido a outros setores, como a cultura e o transporte – e no futuro, acredito eu, são esses setores que ganharão cada vez mais e mais importância.

SANDEL. Adam Smith sugeriu que os professores em Oxford deveriam ser remunerados de acordo com o número de alunos presentes a suas aulas.

PIKETTY. Talvez ele fosse economista demais.

SANDEL. E Kant, em seu primeiro emprego, creio eu, ganhava de acordo com o número de alunos presentes a suas aulas.

PIKETTY. Sem dúvida, o dinheiro ocupava um papel gigantesco na educação no passado. Hoje, quando falamos dos chamados *legacy students* (os "estudantes de legado", ou seja, estudantes cujos pais ou parentes estudaram em determinada instituição) nos Estados Unidos, e no fato de que tanto estes quanto os filhos de indivíduos que fazem doações para tais universidades podem comprar sua admissão, é impossível não pensar no final da China Imperial. Nós vemos o período imperial chinês como um momento da história no qual os concursos eram valorizados. E, de fato, as provas para a seleção de servidores públicos para ocupar cargos importantes eram muito elaboradas. No entanto, o cargo também podia ser obtido por meio de pagamento. O sistema era complexo, concedendo acesso especial aos filhos de membros da classe guerreira Manchu, embora não fossem muito instruídos. No entanto, em função de seu status de guerreiros, os pais queriam garantir aos filhos acesso a alguns dos cargos mais elevados no serviço civil. Além disso, membros da burguesia que dispunham de muito dinheiro, mas cujos filhos não necessariamente apresentavam o desempenho esperado, conseguiam a possibilidade de pagamento como compensação.

Então, não há nada de novo. E tenho certeza de que as pessoas encontravam justificativas para tal, não tanto quanto Adam Smith ou Kant, que alegavam a motivação de professores, mas explicando que quem quiser atrair apoio para sua instituição precisará aceitar esses métodos, exatamente como nos Estados Unidos nos dias de hoje. Então, sim, a história é rica em tais controvérsias. Não estou afirmando que esses argumentos são sempre necessariamente errados ou pouco convincentes. Alguns devem ser considerados. Mas se nos empenharmos em uma análise histórica crítica desses processos, creio ser possível chegar à conclusão de que a desmercantilização igualitária foi um grande sucesso.

SANDEL. Então, por esse motivo, eu gostaria de saber se está de acordo com esse segundo argumento a favor da desmercantilização da vida social, não diretamente relacionado com a igualdade, mas sim com a corrupção do significado dos bens e das práticas sociais. A razão pela qual isso me parece mais radical do que o projeto social-democrata tradicional, ou pelo menos mais distante dele, e talvez em conflito com o modo de os economistas tradicionais pensarem a economia, é que isso exige que a gente debata e delibere sobre a maneira correta de valoração dos bens. Os economistas – muitos dos que seguem uma corrente tradicional, *mainstream* – subestimam os modos de valoração *de facto*, as preferências *de facto* que os consumidores trazem para a vida econômica, e se perguntam como maximizar sua satisfação em função de certas considerações distribucionais. Mas o argumento da corrupção para a desmercantilização, se é possível chamá-lo assim, exigiria que debatêssemos o modo apropriado de valorar a saúde, a educação e as atividades culturais. E isso exigiria um debate político com o objetivo de discutir se certos modos de valoração são mais válidos e mais dignos que outros, além do fato de que deixaria muitos social-democratas, e certamente os liberais, pouco confortáveis em relação tanto ao discurso econômico quanto ao público mais crítico. Um modo de discurso público mais crítico e, nesse caso, também da economia, lhe parece atraente ou é algo a que você resistiria?

PIKETTY. Ah, com certeza me parece atraente. Quero deixar claro que não me identifico como economista. Vejo meu trabalho mais relacionado à história econômica e social – quero dizer, em uma interseção entre a história socioeconômica e a economia política, no velho sentido que reconhece a total dimensão moral e política da economia política.

Gostaria também de reiterar que a valoração já é um processo político. Portanto, a noção de que é

OS LIMITES MORAIS DOS MERCADOS

possível deixar a questão do valor para o mercado, para a oferta e a demanda, não apenas é insatisfatória intelectualmente, mas hoje em dia não funciona. Mesmo atualmente – com todos os limites das contas nacionais e do produto interno bruto, e reconhecendo que não discutimos a desigualdade o bastante nem levamos suficientemente em conta a habitabilidade planetária em termos de contabilidade nacional, para dizer o mínimo –, apesar desse sistema muitíssimo imperfeito, já há muita valoração política no sentido de que o valor da saúde e da educação fornecidos de forma gratuita é determinado, na prática, pelo custo da produção. Em termos técnicos, isso significa que os salários e as contribuições que julgamos necessários para produzir a educação e a saúde determinam o valor da educação e da saúde na contabilidade nacional. Nada disso advém de um processo de mercado envolvendo oferta e demanda. Seu surgimento está ligado a um processo de deliberação política pelo qual decidimos esses assuntos de modo coletivo, por meio de parlamentos, instituições orçamentárias e procedimentos políticos. Embora com certeza não sejam perfeitos, estão fora do domínio de mercado e, com efeito, definem quanto vamos pagar aos médicos nos hospitais públicos e aos professores nas escolas públicas. E esse será o valor da educação e da saúde registrado no PIB nacional.

Portanto, essa dimensão de valoração política já vigora. Talvez hoje esse componente represente 25% ou 30% do valor de produção registrado na renda nacional, que é contabilizada dessa forma. Creio, no entanto, que no futuro ela pode corresponder a 50%, 60%, 70%, 80%. Então, sim, a desmercantilização engloba a valoração política – que você chama de avaliação crítica.

Retornando à social-democracia, ela pode ser considerada um produto congelado? Basta seguir adiante mais um pouquinho no que já fizemos? Ou precisamos de algo mais radical? Repito: quero ressaltar que, em termos históricos, a social-democracia era um projeto radical quando o Partido Trabalhista subiu ao poder em 1945 na Inglaterra, e mesmo com Roosevelt, à sua maneira, apesar de ser uma tradição política diferente nos Estados Unidos. O mesmo aconteceu com o Partido Social-Democrata da Suécia, e quando os socialistas e comunistas franceses assumiram o poder e instauraram o sistema de previdência social e o serviço público em 1945. A social-democracia foi um projeto radical e, mais tarde, graças a seu sucesso, se tornou *mainstream*. Enfrentamos o mesmo desafio hoje e, para tanto, precisamos enfrentar as diferentes e principais limitações da tradição social-democrata do século xx.

Uma delas é o fato de que interrompemos o desenvolvimento da educação e da saúde. Precisamos prosseguir com esse desenvolvimento. Mas se você de fato tiver uma geração inteira entrando no curso superior, precisará refletir sobre a quantidade de recursos necessários a investir no sistema educacional – a certa altura, a diferença quantitativa se transforma em diferença qualitativa – e terá de pensar no que significa ter um processo de admissão equitativo. Será preciso refletir sobre a maneira de organizar, em termos gerais, esse abrangente setor social. O problema é que congelamos tudo no patamar existente nas décadas de 1980 e 1990. Se você verificar os recursos públicos totais voltados para a educação, eles foram multiplicados por dez entre 1910 e 1990, tendo passado de menos de 0,5% da renda nacional, em 1910, para cerca de 5% ou 6% da renda nacional a partir de 1990. Mas desde então, tanto nos Estados Unidos quanto na Europa, basicamente estagnaram nesse patamar, enquanto a parcela da geração ingressando no ensino superior cresceu consideravelmente. Na década de 1980, essa parcela chegava a 20%, 30% no máximo. Agora é de 50%, 60%, chegando a 70% na Coreia do Sul. Se usar recursos

IGUALDADE

congelados para atender esse aumento, isso significa que você terá algumas escolas de elite que dispõem de muitos recursos, mas um sistema em que a maioria dos alunos frequenta universidades públicas e *community colleges*, instituições de ensino superior que oferecem cursos de dois anos, nos Estados Unidos, que não dispõem de recursos.

Ou seja, esse é o primeiro e principal defeito do projeto social-democrático existente no passado. O segundo é a falta de participação, não apenas na deliberação política e na vida política, mas também na tomada de decisão em corporações. Um importantíssimo componente do que temos em mente quando falo do socialismo participativo é ter, nas empresas, ao menos 50% dos direitos de voto para os representantes dos trabalhadores, mesmo que não sejam acionistas. Ademais, os outros 50% dos acionistas deveriam sofrer forte regulamentação, no sentido de evitar que um único acionista tenha mais de, digamos, 10% do voto nas empresas de grande porte, para que, de fato, o processo de tomada de decisões nas empresas seja democratizado de modo bastante radical.

O terceiro grande empecilho para a social-democracia no século XX foi a dimensão transnacional. E isso é de fato o que quero salientar. Em termos históricos, os

Estados de bem-estar social foram constituídos dentro do contexto dos Estados-nações localizados no Norte, esquecendo por completo as desigualdades entre o Norte e o Sul e, ainda mais importante, o fato de que a prosperidade do Norte nunca teria advindo sem a existência do Sul. Em 1860, logo antes da Guerra Civil dos Estados Unidos, dois terços do algodão usado nas fábricas da Inglaterra e da França provinham do sul dos Estados Unidos, de plantações cuja mão de obra era composta por escravizados. Com o fim da escravidão, o algodão, que não era produzido na Inglaterra nem na França, passou a ser importado do Egito e da Índia. Processo similar ocorreu com o petróleo e os combustíveis fósseis no século XX e para a extração mineral hoje.

Portanto, o processo de divisão global do trabalho e a exploração global de recursos naturais e do trabalho possibilitou a riqueza dos países do Norte. E isso é, de longe, o maior empecilho para o modelo de capitalismo social-democrata e para o modelo de Estado do bem-estar social desenvolvido no Norte no século XX. E é isso que precisa mudar no futuro. Caso contrário, a competição – e a competição geopolítica da China, em particular – será, acredito, uma ameaça ainda mais séria aos modelos ocidentais do que foi a ameaça soviética no século XX.

4.
Globalização e populismo

MICHAEL J. SANDEL. Quero explorar a questão da globalização como vem sendo praticada desde a década de 1980. Eu e você temos apresentado muitas críticas à hiperglobalização e à sua insistência no fluxo livre de capitais entre fronteiras, e aos acordos de livre-comércio que fizeram parte do projeto de globalização neoliberal. Pessoas como nós criticam o fluxo de capital e de bens irrestrito e não regulado entre fronteiras, mas tendem a ser favoráveis a políticas de migração mais generosas, ou seja, ao fluxo de pessoas entre fronteiras. O pessoal de centro-direita tende a criticar o aumento do fluxo migratório, ainda que endosse e promova o livre fluxo de capital e bens. Qual dos dois lados está sendo inconsistente?

THOMAS PIKETTY. Bem, na verdade, sua pergunta me faz pensar em minha recente leitura da nova edição de seu livro, *O descontentamento da democracia*, publicado pela primeira vez em 1996. E quero lhe perguntar a respeito desse livro. Então, vou inverter sua pergunta, de que gosto muito, por sinal, apenas para, a princípio, resumir o que entendo de sua escrita. Uma nova edição de sua obra foi publicada em 2022. E nessa edição, na introdução, sobretudo no epílogo, você deixa bem claro, como acabou de dizer, que os excessos da globalização e o fato de os governos de centro-esquerda, na verdade, apoiarem o livre-comércio, a globalização, a financeirização e também o surgimento da ideologia da meritocracia – outro tópico sobre o qual quero lhe fazer perguntas – contribuíram para o enfraquecimento da democracia e para que o Partido Republicano, em geral, e Donald Trump, em particular, fossem capazes de gradualmente descrever os democratas como um partido favorável aos vencedores do mercado.

Em termos históricos, o Partido Democrata, assim como os partidos social-democratas e os trabalhistas na Europa, era apoiado pela classe trabalhadora e pela classe média baixa, e contava com muito pouco apoio dos ocupantes do topo da pirâmide de renda e riqueza. Agora, a situação se inverteu; e creio que, em vez de culpar Trump ou os republicanos – o que é sempre uma solução fácil, sem dúvida –, os democratas nos

GLOBALIZAÇÃO E POPULISMO

Estados Unidos e os partidos equivalentes na Europa fariam bem em examinar suas próprias deficiências. E uma coisa de que gostei muito na nova edição de *O descontentamento da democracia* é a maneira como você demonstra que tanto os anos de Bill Clinton, de 1992 a 2000, quanto os de Barack Obama, de 2008 a 2016 – duas administrações bastante longas, de oito anos, com presidentes democratas –, também legitimaram a guinada neoliberal de Ronald Reagan na década de 1980. Quero dizer, legitimaram no sentido de que as administrações democratas persistiram – isso talvez seja algo que você enfatize menos do que eu – no aniquilamento do imposto progressivo, iniciado por Reagan na década de 1980. Clinton e Obama não tentaram se opor a isso. E, mais concretamente, ambas as administrações impulsionaram a globalização e o livre mercado com o Acordo de Livre-Comércio da América do Norte (na sigla em inglês, NAFTA), a criação da Organização Mundial do Comércio (OMC) e a entrada da China na OMC, logo em seguida ao fim do mandato de Clinton, além do Tratado da Parceria Transpacífico (TPP), de 2016, bem no finalzinho do governo Obama. Tanto Bernie Sanders quanto Donald Trump se opuseram ao acordo que, com efeito, nunca entrou em vigor.

Agora você me pergunta: devemos exercer um controle maior sobre o comércio, o capital, a mão de obra? É preciso controlar alguma coisa; e se não controlarmos o livre mercado, tampouco os fluxos de capital, vamos acabar vendo as alternativas nativistas e nacionalistas promovidas por Trump e pelos entusiastas do Brexit no Reino Unido. Eles dizem: "Tudo bem, vamos controlar o fluxo de mão de obra." Creio que, no fim das contas, deveríamos ter bem mais controle dos fluxos de capital e de comércio. Quanto ao fluxo de mão de obra, é claro, é preciso estabelecer regras para definir como pagar a educação das pessoas que chegam, como pagar sua moradia. Tudo isso precisa ser estudado com muita atenção. Não estamos apenas transportando mercadorias quando pessoas chegam com suas famílias. É preciso analisar as condições sociais de integração e se certificar de que todas as condições acertadas serão cumpridas. Entretanto, no fim das contas, esse é um desafio que pode ser enfrentado se controlarmos os fluxos de capital e de comércio.

Por isso, acredito que devemos ser muito cuidadosos ao identificar as diferentes respostas relativas aos excessos da globalização. Você tem o modelo de resposta nacionalista – nativista, anti-imigração – que vemos com Trump, e com Marine Le Pen no meu país etc. Mas você também tem a resposta de Sanders nos Estados Unidos, que gosto de chamar de resposta socialista democrática.

E gostaria de perguntar, depois de ter lido seu trabalho – talvez um possível ponto de desacordo –, sobre sua aplicação do termo "populista" para descrever essas duas diferentes respostas aos excessos da globalização. Sem dúvida, você deixa claro que são dois tipos de populismo, mas ainda assim usa o termo "populista". No que me diz respeito, não o usaria porque, bem, acredito que represente um risco. O termo pode ser parte da retórica usada por muita gente que alega ser de centro, mas, na maioria, tenta fazer parte dos vencedores do processo de mercado e gosta de deslegitimar seus adversários dizendo: "Todos os meus oponentes da esquerda e da direita são populistas." Então, para mim, usar o mesmo termo é meio arriscado, mas talvez essa seja uma perspectiva francesa ou europeia; talvez seja diferente nos Estados Unidos.

SANDEL. Então você reservaria o termo apenas para os populistas de direita?

PIKETTY. Na verdade, não usaria esse termo em hipótese alguma. Eu falaria de "ideologia nacionalista", "ideologia socialista" e "ideologia liberal". Considero o socialismo, o nacionalismo e o liberalismo ideologias legítimas. Todas têm como objetivo trazer os temas para discussão, para a mesa democrática. Chamá-los de "populistas" me parece, em geral, uma estratégia visando deslegitimar alguns desses grupos. Ou, ao menos, pode ser usada para tanto. Sei que não é nesse sentido que você usa a expressão, mas muita gente a usa assim. E, como você mencionou, restringir os fluxos de mão de obra é bem diferente de restringir os fluxos de capital. Portanto, se todos que são contrários à globalização do livre mercado são populistas, estamos misturando coisas muito diferentes.

SANDEL. Muito bem, deixe-me tentar abordar essa questão. Em primeiro lugar, o uso de "populismo" pode refletir diferentes nuances ou empregos na Europa e nos Estados Unidos. Contudo, o motivo de usar essa expressão para descrever tanto Donald Trump e Marine Le Pen, de um lado, quanto uma figura como Bernie Sanders, de outro, é que, pelo menos segundo a tradição política norte-americana, o termo "populista" foi cunhado no século XIX por trabalhadores do setor industrial e fazendeiros para tentar retirar o poder das elites econômicas – tipicamente as do norte do país, que controlavam as ferrovias e, posteriormente, as empresas petrolíferas. E foi um movimento progressivo, embora, ainda naquela época, reunisse elementos nativistas, antissemitas e racistas. Assim, essas duas vertentes – a dos representantes do povo contra os poderosos e a nativista – estiveram presentes desde o início. No entanto, em épocas recentes, me parece que com o sucesso do populismo de direita, a vertente nativista autoritária desponta como um sintoma do fracasso da política progressiva ou social-democrata.

PIKETTY. Nisso concordamos.

SANDEL. Observamos isso na crise financeira de 2008, quando primeiro uma administração republicana, seguida de uma democrata, na transição de George W. Bush para Barack Obama, resgatou Wall Street. Naquele momento de crise, Obama tinha a alternativa de reestruturar a relação de financiamento da economia ou de restabelecê-la, e optou pela segunda. Esse foi um movimento decisivo em seu governo, pois representou o adeus ao idealismo cívico que ele havia inspirado como candidato em 2008, não apenas nos Estados Unidos, mas em todo o mundo, pautado na esperança e na expectativa de que aquele seria o início de um novo modelo de política. E então, quando assumiu a presidência, logo após a crise financeira, Obama nomeou os mesmos economistas que haviam servido no governo Clinton e desregulado o mercado financeiro. O convite foi uma tentativa de dar um jeito na situação, mas o que eles fizeram foi ajudar os bancos e deixar os proprietários comuns se virarem por conta própria. Isso provocou a ira generalizada contra o espectro político.

Agora, Obama reconheceu que esse resgate foi injusto. Ele não o defendeu em nome da justiça. Disse ter sido doloroso ajudar Wall Street, mas acreditou não haver alternativa, dado o poder de Wall Street e do mercado financeiro na economia. Sua intenção foi salvar a economia. Foi esse o seu raciocínio. Mas agiu assim, disse ele, tomado por grande pesar.

O resgate financeiro de Wall Street lançou uma sombra sobre seu governo. Frustrou as grandes esperanças do renascimento da política progressiva ou social-democrata que sua candidatura inspirara e gerou duas correntes de protesto: à esquerda, o movimento Occupy, acompanhado da surpreendentemente bem-sucedida candidatura de Bernie Sanders em 2016, contra Hillary Clinton; à direita, o movimento Tea Party e, por fim, a eleição de Donald Trump.

As duas vertentes brotaram da raiva, da indignação e da sensação de injustiça com o resgate e a reconstituição

GLOBALIZAÇÃO E POPULISMO

de Wall Street, sem que responsabilizassem alguém por isso. Então, de certo modo, os políticos progressistas e conservadores de centro-esquerda que governaram logo após Ronald Reagan e Margaret Thatcher lançaram os alicerces para a versão do populismo de direita que se seguiu – o de Donald Trump, no caso nos Estados Unidos. Eles prepararam o caminho para o populismo e cabe a eles a responsabilidade.

O que me leva de volta a algo que discutíamos antes, o apelo dos mercados e da fé neoliberal. Durante os governos de Reagan e Thatcher, eles defenderam sem rodeios que o governo era o problema e o livre mercado a solução. Foram sucedidos por políticos e partidos políticos de centro-esquerda – Bill Clinton nos Estados Unidos, Tony Blair no Reino Unido e Gerhard Schröder na Alemanha – que suavizaram as ásperas arestas do capitalismo *laissez-faire* dos anos Reagan-Thatcher.

Contudo, os dois não contestaram a premissa fundamental, a do triunfalismo do mercado, a saber, a de que os mecanismos de mercado são os instrumentos primordiais para definir e alcançar o bem público. Eles jamais contestaram tal premissa. Assim, quando adotaram políticas de comércio neoliberais e a desregulamentação financeira durante a década de 1990 e o início da década de 2000, implementaram esse projeto e aceitaram, sem qualquer crítica, a fé no mercado. Portanto, nunca tivemos de fato um debate público a fim de discutir se os mercados servem ao bem público e onde não se encaixam.

Mas aí vai um palpite. Quero retornar à questão do discurso público crítico, imbuído de valor. Por um lado, tanto os políticos tradicionais de centro-esquerda quanto os de centro-direita foram seduzidos pela fé no mercado, em parte em função da crença de que os mercados proporcionam prosperidade crescente e, ao mesmo tempo, rendem contribuições para a campanha de Wall Street. Mas há uma razão mais profunda, acredito, para que os mercados e seus mecanismos apresentem atrativos tão intensos. Acredito que o profundo apelo da fé no mercado ao longo desse período, e talvez até por um período mais extenso, é que os mercados parecem oferecer um meio de nos poupar, como cidadãos democráticos, de nos engajar em debates caóticos, polêmicos e controversos a respeito de como avaliar os bens e as várias contribuições feitas pelo povo para a economia e para o bem comum. Então a fé no mercado – esse é meu palpite, mas me diga se concorda ou não – surge de certa aspiração liberal pela neutralidade no que tange às concepções substantivas de valores e de uma boa vida. A ideia é a seguinte: vivemos em sociedades pluralistas.

Discordamos quanto à maneira de avaliar bens e quanto à natureza de uma boa vida. Em termos ideais, gostaríamos de confiar em instrumentos neutros, que nos poupem da necessidade de tomar tais decisões de modo explícito, pois acabaremos divergindo. Obviamente, os mercados, na verdade, não são instrumentos de valor neutro. Sabemos disso. Porém, a esperança equivocada de que podem nos poupar de debater e decidir questões controversas acerca do bem comum é um dos fatores que exercem forte apelo.

PIKETTY. Concordo. No final das contas, acredito que isso é resultado do medo da democracia. Resultado do medo da deliberação democrática.

SANDEL. Exatamente.

PIKETTY. E esse é um dos medos aos quais me refiro em meu livro *Capital e ideologia*, como o de abrir a caixa de Pandora da redistribuição, mas também da reavaliação de nossas atitudes. Nosso medo reside em não sabermos onde parar, e tudo bem, talvez *não* saibamos mesmo onde parar. Mas, no final, nossa melhor oportunidade para chegar a algum lugar é aceitar essa aspiração ao autogoverno, que, como você nos lembra

IGUALDADE

em seu livro, está na origem não apenas de algumas das mais profundas aspirações do Estados Unidos no século XIX, mas da modernidade em geral.

Deixe-me retornar mais uma vez, por alto, ao termo "populista". Você, muito acertadamente, disse que Clinton, Obama, Blair e Schröder não foram capazes de questionar o modelo de ideologia neoliberal de Wall Street relativo à globalização, financeirização e meritocracia. Concordo totalmente com sua afirmativa. Esses políticos não foram capazes de contestar essa série de crenças, mas Bernie Sanders e, em certa medida, Elizabeth Warren, também em 2020, conseguiram contestá-las ao propor uma plataforma que gosto de chamar de socialismo democrático, porque excede o que Roosevelt fez em termos de imposto progressivo. Mas isso também envolve um componente bastante significativo do poder de tomada de decisão dos trabalhadores em corporações, com forte representação de trabalhadores nos conselhos das empresas. Também envolve uma estratégia de desmercantilização bastante significativa graças às universidades públicas e ao sistema de saúde público. Para mim, essa não é a expressão de uma espécie de raiva populista.

Continuo ainda um tanto quanto confuso com o fato de você querer rotular isso de "populismo".

GLOBALIZAÇÃO E POPULISMO

Compreendo a história do termo nos Estados Unidos. Como você disse, entre os primeiros populistas, no final do século XIX e no início do século XX, houve uma combinação inquietante de temas progressistas e nativistas. Não vejo nada disso em Bernie Sanders ou em Elizabeth Warren. Daí a minha confusão. Chamá-los de "populistas", acredito, é dar um peso exagerado ao modo como partidários de Clinton e Blair querem se distanciar das pessoas mais à esquerda.

SANDEL. Entendo. Sua preocupação é que os políticos tradicionais usem esse termo como insulto.

PIKETTY. Exato. E, afinal, para mim, essa posição se assemelha muito mais ao socialismo democrático ou à social-democracia do século XXI, se assim o desejar. Essa é uma maneira mais precisa de descrever o que defendem do que o termo "populista de esquerda".

SANDEL. Nesse ponto talvez haja uma nuance de diferença de seu significado. O populismo não trata predominantemente de redistribuições, embora, para Bernie Sanders e Elizabeth Warren, tenha significado igualitário. Trata-se basicamente de deslocar o poder das elites para o povo. E essa posição está ligada à desigualdade

IGUALDADE

econômica. Porém, a vertente populista, se pode ser diferenciada da vertente da social-democracia ou do socialismo democrático, diz menos respeito à redistribuição e mais à reivindicação de poder, a dar voz ao povo, a representar o povo contra os poderosos e a frear o poder das grandes corporações na economia.

PIKETTY. Dar mais poder aos representantes dos trabalhadores nos conselhos de corporações significa exatamente reivindicar poder. E tanto Elizabeth Warren quanto Bernie Sanders apresentaram ao Congresso dos Estados Unidos uma interessantíssima proposta para aumentar os direitos de voto dos representantes dos trabalhadores, em perfeito acordo com a tradição social-democrática.

SANDEL. Não devíamos nos preocupar muito com isso, Thomas. Há uma sobreposição. Com certeza há uma sobreposição.

PIKETTY. Mas é o mesmo termo usado para Trump.

SANDEL. Entendo, então você não quer usá-lo.

5.
Meritocracia

THOMAS PIKETTY. Ainda estou um pouco preocupado com a sua escolha do termo. De qualquer maneira, deixe-me abordar a questão da meritocracia porque sou grande admirador de seu livro *A tirania do mérito*, no qual enfatiza a importância dessa espécie de religião ou ideologia do mérito desenvolvida nas décadas recentes. Em sua análise, esse é o terceiro pilar da era neoliberal. Esses pilares seriam a globalização, a financeirização e a meritocracia. Você lhe confere a importância merecida. Então, gostaria de discutir o assunto bem e, talvez o mais importante, perguntar: quais são as saídas? Em determinando ponto de seu livro, você defende o sorteio para a admissão em uma das instituições da Ivy League, que funcionaria mais ou menos como descrito a seguir. Suponha que haja, digamos, cem vagas nas universidades que formam a Ivy League. Você estabelece uma qualificação inicial para a inscrição de modo a conseguir mil candidatos com pontuações ou notas superiores a determinado patamar. Em seguida, faz um sorteio para selecionar os 10% a serem admitidos.

O que mais gosto nessa proposta é você não querer que as universidades ajam como bem entenderem. Se compreendi bem seu ponto de vista, esse método faz parte do exercício de reivindicar controle, um exemplo de deliberação democrática que deveria estabelecer regras quanto ao acesso à educação superior e à saúde. Os dois são bens fundamentais, e não podemos simplesmente deixar que membros do conselho de Harvard decidam o que lhes aprouver. Claro, alguns podem dizer: "Ora, afinal, a universidade é deles. Têm o direito de fazer o que quiserem. É natural fazer isso." Para mim, isso corresponde a dizer: "Tudo bem, o dinheiro é seu. Tem todo o direito de enviá-lo para um paraíso fiscal e não pagar imposto algum. Afinal, é seu dinheiro." Ora, não, sinto muito, mas discordo: o dinheiro não é seu. O dinheiro é fruto do trabalho coletivo de milhões de pessoas. Nada disso poderia ter sido produzido sem infraestrutura pública ou sem nosso sistema jurídico. Você não está sozinho no mundo, e não pode simplesmente dizer: "O dinheiro é meu."

Gostaria de perguntar: minha interpretação está correta quanto ao que se encontra implícito nessa sua proposta específica de loteria? Sem dúvida, poderia haver outras propostas similares. Esse é apenas um exemplo de como recuperar o controle, no sentido de que a deliberação democrática deveria definir esses tipos de regras para todas as admissões, inclusive em Harvard e em outras universidades de ponta nos Estados Unidos.

MICHAEL J. SANDEL. Tem razão, em parte é isso, mas há outro detalhe que remonta à questão acerca de julgamento moral, atitudes e reconhecimento. Portanto, a meritocracia apresenta dois problemas. Antes de identificá-los, quero dizer, para começo de conversa, que considero o mérito, em termos gerais, uma qualidade positiva. Se eu preciso fazer uma cirurgia, vou querer um médico altamente qualificado para me operar. Isso é mérito. Então como o mérito pode se tornar uma espécie de tirania? Bem, esse cenário remonta ao período discutido anteriormente, iniciado nos anos 1980 e que se estende até os nossos dias. O fosso entre vencedores e perdedores vem aumentando, envenenando nossa política, nos separando. Essa polarização tem a ver, em parte, com o aumento das desigualdades de renda e riqueza já discutido. Mas não é só isso. Também diz respeito à mudança de atitude em relação ao sucesso que acompanhou as crescentes desigualdades. Aqueles que chegaram lá no alto, no topo da pirâmide, passaram a acreditar que o sucesso que alcançaram só dependeu deles mesmos, é fruto de seu mérito e que, portanto, merecem todas as recompensas que o mercado lhes proporciona. E, por analogia, aqueles que foram abandonados e enfrentam dificuldades também merecem o seu destino. Esse modo de pensar o sucesso resulta de um ideal aparentemente atraente: o princípio meritocrático segundo o qual, considerando a igualdade das chances, os vencedores merecem todas as recompensas.

Agora vamos falar dos dois problemas da meritocracia. Um problema óbvio é que realmente não vivemos de acordo com os ideais meritocráticos que professamos. As oportunidades não são realmente as mesmas. Crianças nascidas em famílias pobres tendem a permanecer pobres na idade adulta. As taxas de mobilidade social ascendentes são limitadas. Tome como exemplo as universidades da chamada Ivy League acerca das quais me perguntou. De fato, elas oferecem generosas políticas de ajuda financeira. Alunos de famílias com renda inferior a 85 mil dólares por ano – ou 100 mil dólares por ano, acho eu, no caso de Stanford – não pagam mensalidade, alojamento, alimentação ou livros. Apesar disso, o número de estudantes pertencentes às famílias que ocupam o 1% do topo da pirâmide é

MERITOCRACIA

superior ao dos estudantes de famílias pertencentes a toda a metade mais pobre do país.

Então, não resta dúvida de que não somos uma meritocracia perfeita. Mas suponha que fôssemos. Imagine que pudéssemos, de um modo ou de outro, criar uma igualdade de oportunidades genuinamente justa para a admissão no sistema educacional e, a propósito, na economia. Considere que pudéssemos fazer isso. Nesse caso, com uma meritocracia perfeita, teríamos uma sociedade justa? Não acredito. Isso porque a meritocracia, ainda que perfeitamente concretizada, tem o seu lado sombrio: é corrosiva para o bem comum. Ela incentiva aqueles que são bem-sucedidos a acreditar que o sucesso se deve exclusivamente a seus próprios méritos, a se embriagar excessivamente com o próprio sucesso, a se esquecer da sorte e das circunstâncias que os ajudaram ao longo do caminho, a esquecer suas dívidas, como você bem descreveu, para com aqueles que possibilitaram suas conquistas.

Michael Young, que cunhou o termo "meritocracia", tinha plena ciência disso. Ele não viu a meritocracia como um ideal, mas como um perigo. E o perigo era exatamente este: cultivar atitudes em relação ao sucesso, tanto entre os vencedores quanto entre os perdedores, que nos distanciariam uns dos outros. A meritocracia

IGUALDADE

estimularia a arrogância entre os vencedores e a humilhação entre os deixados para trás, a quem disseram – e talvez até os tenham persuadido nesse sentido – ser eles mesmos os culpados tanto por seu fracasso como por suas dificuldades. Isso lança luz para o fato de nossas sociedades se tornarem tão polarizadas nas últimas décadas. À medida que a desigualdade se aprofundava, à medida que os trabalhadores enfrentavam salários estagnados e a perda de empregos, os políticos conservadores de centro-esquerda e de centro-direita ofereciam aos trabalhadores um conselho revigorante: "Se quiser competir e vencer na economia global, frequente uma universidade. O que se ganha depende do que se aprende. Você consegue, se tentar."

O que essas elites se esqueceram foi do insulto implícito em seu conselho. "Se não conseguiu um diploma, se não teve formação universitária, e se está enfrentando dificuldades nesta nova economia, seu fracasso pode ser culpa sua. Não fez o que lhe mandaram fazer." Na verdade, eles dizem: "O problema não decorre das políticas econômicas que implementamos. O problema é que você não se aprimorou como lhe dissemos para fazer." Então, não surpreende que muitos trabalhadores sem diploma universitário se sintam ressentidos. Sua raiva foi direcionada, em especial, para os partidos tradicionais de centro-esquerda que responderam à desigualdade com o que chamo de "retórica da ascensão", exortando aqueles que foram deixados para trás a melhorar de vida obtendo um diploma. Esses eram o Partido Democrata nos Estados Unidos, o Partido Trabalhista no Reino Unido e o Partido Socialista na França – agora mais identificados com os valores, os interesses e as perspectivas dos bem-educados, dos credenciados, das classes profissionais do que com os dos eleitores da classe dos trabalhadores que, no passado, constituíam sua principal base de apoio. Não causa surpresa o surgimento dessa revolta, dessa enfurecida revolta. Ela reflete, acredito eu, o modo como as ideias meritocráticas de sucesso se tornaram a companhia moral da globalização neoliberal.

PIKETTY. Está certo, acho que tem razão. Ou, ao menos, concordo totalmente com o diagnóstico de que o que é tão específico e tão brutal na ideologia da desigualdade contemporânea é esse modo de celebrar os vencedores e culpar os perdedores, algo inexistente nos regimes desigualitários do passado. Nos regimes antigos, a desigualdade podia ser bastante brutal, mas havia a sensação de uma espécie de complementariedade entre os diferentes grupos sociais. Alguns indivíduos eram nobres e guerreiros; outros, trabalhadores e camponeses, sem necessariamente ser burros. Todos precisamos desses diferentes grupos. Longe de mim tentar glorificar esse tipo de regime, mas ao menos ninguém tentava fingir que tanto pobres quanto ricos tinham o que mereciam. Essa situação é exclusiva, acredito, dos regimes desigualitários de nossos dias. A meritocracia exerce enorme pressão nas pessoas e tem consequências concretas na saúde mental e em muitas patologias. Observamos que todas as camadas da sociedade são pressionadas, em especial os grupos pobres, mas isso afeta também os filhos de grupos mais abastados, submetidos a forte pressão para ser bem-sucedidos. Você tem razão absoluta quanto a esse ponto. Mas, voltando à minha pergunta, pois estou sempre buscando soluções, eu gostaria de saber se você aprovaria uma legislação federal, ou talvez em Massachusetts, para, digamos, banir a admissão de filhos de ex-alunos e doadores e estabelecer algumas diretrizes para a política de admissão na Universidade de Harvard e outras instituições da Ivy League.

SANDEL. É mais do que justo. Vou dar uma resposta direta à sua pergunta: na minha opinião, tanto Harvard

MERITOCRACIA

quanto outras universidades particulares de elite deveriam proibir as admissões pautadas no fato de os candidatos serem filhos de ex-alunos ou de doadores.

PIKETTY. Mas devemos obrigar as universidades a agir ou apenas esperar que tomem essa iniciativa?

SANDEL. Devemos começar a exercer pressão pública e moral para que adotem esse procedimento. Há uma boa chance de dar certo, em parte porque a Suprema Corte dos Estados Unidos derrubou as ações afirmativas para minorias raciais, e esse sempre foi um compromisso implícito. Mas agora, uma vez que não é mais possível levar em conta a raça ou a etnia, vai ser muito difícil para essas universidades alegarem: "Mas podemos levar em conta se os pais estudaram aqui."

PIKETTY. No entanto, é o que fazem.

SANDEL. Bem, fazem, mas algumas já começaram a mudar. A Johns Hopkins, por exemplo, proibiu essa prática.

PIKETTY. Será que estão preparadas para renunciar à possibilidade de aceitar os filhos de doadores ricos?

SANDEL. Só vendo. Mas sou da opinião de que devemos trabalhar nesse sentido. Um modo de dar um primeiro passo para encorajar a mudança por intermédio de ação governamental foi apresentado por Ted Kennedy, que, embora tenha sido aluno de Harvard, propôs uma legislação que exigisse que essas universidades tornassem públicos os índices de admissão de filhos de ex-alunos em comparação com as taxas de admissão dos candidatos como um todo.

PIKETTY. A transparência me parece importante, mas, quando observo essa situação de longe, do outro lado do oceano, sinto que precisamos ser um pouco mais radicais. Devíamos exigir das universidades as mesmas regras de admissão para todos ou, possivelmente, que priorizassem o acesso de pessoas provenientes de famílias com renda mais baixa, e não as de origens raciais específicas (ou que, no mínimo, usassem um critério mais universal do que o racial), e não dessem tratamento especial aos filhos de doadores ricos. Parece meio louco nos acostumarmos com o jeito de ser das coisas. Eu mencionei a antiga China Imperial, que colocava em prática esse tipo de esquema, mas depois ela foi substituída pela China comunista. Então fico um tanto ou quanto preocupado imaginando que nos

MERITOCRACIA

Estados Unidos as pessoas se acostumaram com as regras do jogo, a meu ver, erradas.

SANDEL. Concordo. Devíamos acabar com isso. A pergunta é como. Mas, com certeza, as universidades deviam renunciar a esse sistema, e o povo devia pressionar essas instituições para pôr um ponto final no atual sistema de seleção.

6.
Loterias: os sorteios deveriam desempenhar algum papel na admissão nas universidades e no processo seletivo parlamentar?

MICHAEL J. SANDEL. Quero voltar à sua pergunta sobre as loterias. Primeiro gostaria de enfatizar que minha proposta é realizar um sorteio entre os que foram bem qualificados. Universidades tais como Harvard e Stanford recebem cerca de 60 mil candidatos por ano e aceitam menos de 2 mil. Grande número de candidatos é perfeitamente qualificado para os cursos, bem como para contribuir para a educação de seus colegas de classe. Então, minha proposta é que o comitê de admissões determine quem está qualificado para prosperar e se beneficiar da educação nas melhores universidades. E desses alunos qualificados – dos 60 mil candidatos, podem ser os 25 mil ou os 30 mil melhores – você escolheria por sorteio os 2 mil aprovados.

IGUALDADE

A razão dessa proposta não tem como finalidade básica atingir uma diversidade de classes econômicas maior. Contudo, isso também é importante. Tão importante que, em minha opinião, talvez deva haver ações afirmativas, ainda que os resultados dos testes desses candidatos não sejam os mesmos dos outros alunos, a fim de auxiliar aqueles que seriam a primeira geração na família a entrar para uma universidade, ou os oriundos de lares de baixa renda. Isso poderia ser feito independentemente da loteria, e eu seria a favor dessa prática. O motivo principal para a loteria, porém, é mudar o significado da admissão e não mais encorajar as atitudes em relação a vencer ou perder existentes em nossos dias pelo delirante sistema de admissões. Para todos os efeitos, isso faria com que aqueles que são admitidos sob as regras atuais (e também os que não o são) se lembrassem da verdade: há uma boa dose de sorte envolvida. É um modo de começar a desafiar ou reduzir a arrogância dos vencedores e a sensação de derrota e desmoralização dos perdedores.

Agora, estamos discutindo esse assunto considerando um restrito domínio da vida social, mas você pode considerar seu uso em outros domínios, inclusive na reformulação do governo representativo ou parlamentar, sobretudo em países com duas casas. Poderíamos reformular uma legislatura ou um parlamento bicameral de modo que um corpo legislativo consistisse em representantes eleitos enquanto o outro corpo seria constituído de um modo diferente – não uma Câmara dos Lordes ou, como no Senado dos Estados Unidos, um sistema no qual estados pequenos são representados de modo bastante desproporcional, mas uma câmara composta por cidadãos escolhidos por sorteio. Isso remete à ideia da democracia grega. Ou poderíamos comparar esse sistema a um júri. Os júris são compostos por meio de sorteios. E se os júris podem decidir assuntos relacionados à culpa e à inocência, por que não podem deliberar acerca do bem comum juntamente com um corpo representativo?

Essa pode ser uma alternativa para reduzir a enorme influência do dinheiro nas campanhas políticas e lograr alguma rotatividade nos cargos. É algo que também vai de encontro ao preconceito credencialista que a era da meritocracia criou. A maioria dos cidadãos em democracias espalhadas pelo mundo afora não tem formação universitária. Nos Estados Unidos, apenas cerca de 38% têm diplomas universitários de quatro anos. Ou seja, quase dois terços não têm formação superior. E no Reino Unido, cerca de 70% da população não têm nível universitário. No entanto, qual é a proporção de pessoas sem diploma universitário nos parlamentos? Apenas um número diminuto, cerca de 5% a 10%. O resultado é que há pouquíssimos membros da classe trabalhadora em parlamentos nas democracias ocidentais. Pode-se considerar essa parcela realmente representativa? Contudo, aceitamos esse fato, e não há muita discussão a respeito. Haveria debate se houvesse essa imensa desproporção no número de mulheres no congresso, na assembleia nacional ou nos parlamentos de outras democracias europeias. Realizamos muitos avanços ao obter o aumento do número de representantes mulheres no governo. Então por que aceitamos, com tanta facilidade e sem debate, que pessoas sem nível universitário quase não tenham presença no parlamento? Um jeito de romper essa realidade pode ser a ideia de implementar dois corpos legislativos. Um deles poderia ser composto por meio de eleições, com as devidas restrições às contribuições de campanha, enquanto o outro seria escolhido por sorteio e com rotatividade de seus membros.

THOMAS PIKETTY. Essa ideia é muito interessante, mas em ambos os casos me pergunto se não seria possível obter resultados ainda melhores sem se valer de sorteios. Deixe-me considerar os dois tópicos em separado:

primeiro, as admissões nas universidades; em seguida, a mudança da composição social do parlamento.

Se pensamos nas admissões nas universidades, gostaria de contrapor à sua proposta de escolha por sorteio, entre o grupo de pessoas com as qualificações exigidas, outra proposta que você menciona em seu livro, apresentada por Daniel Markovits, professor de direito de Yale, que diria basicamente o seguinte para as instituições da Ivy League: "Façam o que bem entenderem, mas, no final das contas, quero que pelo menos metade de seus alunos pertença aos dois terços da base da pirâmide do país em termos de renda familiar. Façam o que bem entenderem para reestruturar seu sistema de ingresso – diminuam o número de pontos exigidos para a admissão de estudantes provenientes de famílias de rendas mais baixas, ou seja lá o que for. Mas essa é uma condição mínima e, caso não seja cumprida, serão punidos." Ele citou, especificamente, a supressão do status de isenção fiscal. Mas acredito que muito mais poderia ser feito, como reiterar que o cumprimento dessa condição é parte dos deveres das universidades e visa regulamentar a admissão para um bem fundamental, o acesso ao ensino superior.

Minha dúvida quanto ao seu sistema de sorteio, pelo menos da forma como proposto, é que talvez não tenha

IGUALDADE

um impacto tão drástico quanto o do modelo proposto por Daniel Markovits, em termos de ampliação do acesso social a Harvard. Há pouco você mencionou algumas estatísticas mostrando que, no momento, temos mais alunos em Harvard oriundos do 1% mais rico da população do que de todos os 50% mais pobres. Acredito que esses dados digam respeito aos alunos de Harvard, Stanford e Yale. Com sua proposta, você espera que essa situação mude? Em qual proporção, se comparada a uma proposta como a de Markovits, na qual não é preciso necessariamente um sorteio, mas que acaba sendo potencialmente mais ambiciosa?

SANDEL. Bem, entendo que há dois propósitos aqui. Um é o objetivo – meu preferido – de mudar a composição de classes nas universidades de elite para que matriculem mais alunos de famílias de baixa renda. E isso pode ser alcançado condicionando o status de isenção de taxa ao alcançar certa porcentagem de alunos de famílias de baixa renda ou instando as universidades a adotar uma ação afirmativa para admitir mais candidatos que sejam os primeiros em suas famílias a ingressar no ensino superior e mais candidatos provenientes de famílias de baixa renda. O objetivo de alterar a composição das classes é importante por si só para promover acesso mais

LOTERIAS: OS SORTEIOS DEVERIAM DESEMPENHAR...

justo. A proposta de sorteio também pode contribuir até certo ponto. No entanto, o mais provável é que a implementação somente dessa medida não aumentasse em número suficiente os alunos de baixa renda. Por isso são necessários dois mecanismos diferentes. A ideia da loteria tem uma proposta um pouco distinta. É direcionada ao segundo objetivo, ou seja, tentar diminuir a arrogância meritocrática associada ao ingresso na universidade, e até reduzir, de certa forma, a forte pressão exercida pelas famílias de jovens que tentam prepará-los para a competição, o que acaba gerando ansiedade durante a adolescência. Em parte, visa aliviar esse peso e reduzir a sensação de que aonde se chega depende unicamente do próprio esforço. Então, um sorteio e um plano ao estilo do proposto por Markovits têm diferentes propósitos, e deveríamos considerar os dois mecanismos.

PIKETTY. E como você combinaria o sorteio com um plano ao estilo Markovits?

SANDEL. Bem, há alguns caminhos. É possível estipular determinada porcentagem de candidatos de classe baixa e admiti-los de forma direta e, em seguida, realizar o sorteio. Essa seria uma opção. Ou o sorteio poderia ser realizado com uma distribuição de bilhetes extras, por assim dizer, para que os alunos oriundos de classes de baixa renda participem.

PIKETTY. Em relação aos parlamentos, tenho a mesma dúvida, ou seja, há outros mecanismos. Talvez pudessem ser usados em combinação com os sorteios ou como alternativas e gerar resultados igualmente ambiciosos, ou até mais. Vou citar um exemplo. Suponhamos que, no momento, 50% da população não tenha diploma universitário, mas apenas 5% dos membros do Congresso pertençam a esse grupo. Se for realizado um sorteio geral para a população ocupar a segunda câmara, então 50% não terá diploma universitário. Assim, há uma forma de aperfeiçoar o que algumas vezes foi chamado de "representação descritiva."

Mas ainda há outro modo de fazer isso. E aqui eu me reporto a algumas propostas de alguém que conheço bem, Julia Cagé. Em resumo, é possível exigir de cada partido determinado percentual de candidatos representativos que concorram em suas circunscrições eleitorais. Se o grupo que você quer atingir representa 50% da população, então 50% de seus candidatos devem pertencer a esse grupo. E como você não quer que os partidos incluam esses candidatos apenas em distritos eleitorais em que seja impossível ganhar, você deixa claro que os partidos sofrerão pesadas multas financeiras caso, no fim do processo, menos de 50% de seu grupo parlamentar seja proveniente dessa camada da população.

Esse não é apenas um pensamento teórico de cientistas sociais. Em um "pequeno" país chamado Índia, cuja população é de 1,2 bilhão de habitantes, há mais eleitores do que em todo o mundo ocidental. Desde 1950 foi adotado um sistema no qual é feito um sorteio aleatório de 25% dos distritos eleitorais. Nesses 25%, todos os partidos devem apresentar candidatos das *scheduled castes* e *scheduled tribes*, os antigos intocáveis e aborígenes discriminados na sociedade hindu tradicional, que historicamente compõem os 25% menos favorecidos da sociedade indiana. Bem, não se trata exatamente do mecanismo que descrevi, mas isso comprova que algo desse tipo já foi posto em prática. O ponto positivo de uma solução assim, se comparada ao sistema de sorteio proposto, é que você combina a vantagem da representação descritiva com a das eleições. Não é preciso escolher aleatoriamente qualquer pessoa com pouco grau de instrução ou trabalhadores braçais. Todo mundo capaz de ocupar um cargo no parlamento terá de ser candidato. Eles precisarão mostrar suas posições por meio de campanhas políticas e deliberações coletivas. Por que você preferiria um sorteio a esse procedimento?

SANDEL. É outra proposta interessante, com a qual simpatizo. Funciona melhor em sistemas nos quais haja listas partidárias.

PIKETTY. Não, trata-se de um sistema de distritos eleitorais na Índia. É o mesmo sistema eleitoral dos Estados Unidos e do Reino Unido. O modo como funciona é o seguinte: digamos que você tenha quinhentos distritos eleitorais e selecione, ao acaso, 25% desses distritos. Então, nesses mais de cem distritos eleitorais, quer sejam do Partido do Congresso, do Partido do Povo (na sigla original, BJP), quer sejam do Partido Comunista, você pode escolher o candidato que desejar, desde que ele pertença a uma *scheduled caste* ou *scheduled tribe*. Então, quem ganhar será sempre um integrante desses grupos. Em resumo, por definição, no parlamento, você terá no mínimo 25% do grupo-alvo.

SANDEL. É interessante. Estou aberto a testar as várias formas de fazer isso, e teríamos de estudar os efeitos e os resultados, mas acredito que deveríamos ter um debate público mais robusto a respeito de como aperfeiçoar a composição social, educacional e de classes do parlamento. Todas essas ideias merecem ser consideradas.

PIKETTY. Então você não é especificamente a favor apenas dos sorteios.

SANDEL. É isso, e não sou especialista em como essas ideias funcionariam em diferentes sistemas políticos, mas penso que deveríamos incluí-las na agenda política.

PIKETTY. Outro aspecto que considero importante nessa discussão acerca da meritocracia já foi mencionada antes: a questão da dignidade. Uma coisa que você pontua em seu trabalho, repetidas vezes e de forma convincente, é o fato de que o sistema universitário nos Estados Unidos e no restante do mundo, em certa medida, se tornou uma espécie de gigantesca máquina de triagem ou classificação para os jovens. E isso produz muito sofrimento. Como escapar desse sistema, além de usar a abordagem da loteria, que não vai solucionar a maior parte do problema?

SANDEL. Tem razão. Para resolver a maior parte do problema, acredito que, em primeiro lugar, precisamos alterar os termos do discurso político. Deveríamos nos preocupar menos em como armar as pessoas para a competição meritocrática e mais em como afirmar a dignidade do trabalho, em como tornar a vida melhor para quem contribui para a economia e o bem comum – pelo trabalho que desempenham, pelas famílias que constituem e pelas comunidades a que servem –, tenham ou não diploma de ensino superior. Há uma série de propostas que poderiam ser debatidas. Os da esquerda e os da direita podem discordar quanto ao significado de dignidade do trabalho e de como promovê-la. Mas deveríamos debater esses pontos, em vez de nos concentrar em armar pessoas para uma escalada competitiva na escada do sucesso – negligenciando o fato de que os degraus a serem galgados vêm crescendo cada vez mais e se tornando mais distantes uns dos outros.

Uma das mais potentes fontes da revolta contra as classes abastadas – vimos isso no voto a favor de Trump e de figuras similares na Europa – é a sensação de desprezo experimentada por muitos trabalhadores e muitas pessoas sem diploma universitário, cujo trabalho parece ser olhado com desdém e ser desvalorizado pelas elites. Em parte, como temos discutido, essa sensação decorre da ênfase dada pelos partidos convencionais, ao abordar a desigualdade, na obtenção da mobilidade

LOTERIAS: OS SORTEIOS DEVERIAM DESEMPENHAR...

social individual graças, sobretudo, a um diploma do ensino superior. Então, para começar, deveríamos reconhecer que a mobilidade social individual mediante um nível de educação superior não é a resposta adequada para a desigualdade. E deveríamos também levar a sério aqueles de nós que fazem críticas ferrenhas a figuras como Donald Trump e Marine Le Pen, levar a sério as queixas legítimas da classe trabalhadora e das pessoas sem diploma universitário em contraponto às elites qualificadas. Nem sempre isso é fácil, politicamente, em parte por ser mais simples culpar figuras como Trump, e o racismo, a misoginia e a xenofobia às quais ele apela, do que questionar como o projeto tradicional de políticas progressivas nas últimas décadas contribuiu para as queixas legítimas da classe trabalhadora e de quem não tem diploma de ensino superior.

Cito um exemplo. Isabel Sawhill, economista do Brookings Institution, realizou um estudo há alguns anos sobre a quantia gasta pelo governo federal dos Estados Unidos em bolsas, empréstimos e créditos fiscais a fim de ajudar pessoas a entrar na universidade. O valor alcançou 162 bilhões de dólares anuais, dos quais o total gasto pelo governo federal para a educação técnica e vocacional é de apenas 1,1 bilhão de dólares anuais. Preste atenção, estamos falando de 162 bilhões de dólares comparados a pouco mais de 1 bilhão de dólares. Isso reflete o preconceito credencialista e meritocrático dos que fazem essas políticas. E isso não é apenas injusto, retornando às questões da justiça distributiva que estamos discutindo, mas também revela o desrespeito pelo tipo de trabalho realizado pela classe trabalhadora. E essa falta de respeito, essa falta de reconhecimento é exacerbada pelos salários absurdos de quem trabalha no mercado financeiro. Por que um gerente de fundo de investimento deveria ganhar 5 mil vezes mais do que um professor ou uma enfermeira, ou mesmo um médico? Parece injusto e totalmente desproporcional em relação ao valor da contribuição social de um enfermeiro, de um professor ou de um médico. Isso nos faz retornar às questões de valor, de valorização e reavaliação das contribuições sociais. Mas também é, além de uma injustiça, uma espécie de insulto. É um insulto coletivo que nossas sociedades infligem, ao menos implicitamente, às pessoas que trabalham no sentido tradicional de trabalho, quer sejam cuidadores, eletricistas ou bombeiros. Por que não investimos em sua educação e seu treinamento na mesma medida em que se investe nos que pertencerão a classes profissionais de mais prestígio? E por que não valorizamos seu trabalho? Na realidade, um grupo de sociólogos realizou uma pesquisa a fim de descobrir os vários preconceitos contra as minorias desfavorecidas. Eles entregaram aos entrevistados, primeiro na Europa e depois nos Estados Unidos, uma lista de minorias comumente desfavorecidas. E o grupo mais discriminado pelos entrevistados foi o dos que apresentavam baixo grau de instrução.

O credencialismo é, de certo modo, o último preconceito aceitável. Não que tenhamos banido outras formas de preconceito – longe disso –, mas esse é um dos preconceitos que as pessoas aceitam quase sem refletir ou se desculpar. Por isso a dignidade do trabalho, acredito, é um assunto importante para o ressurgimento da política social-democrática, pois é um meio de reconhecer que o problema não se resume à injustiça, que pode ser solucionada com a redistribuição. Trata-se também da falta de reconhecimento, da falta de honra e de estima social concedida aos que não possuem cursos universitários, mas que, no entanto, trazem contribuições valiosas para o bem comum.

7.

Tributação, solidariedade e comunidade

THOMAS PIKETTY. Gosto desse exemplo da completa ausência de proporcionalidade na atenção pública voltada para os currículos de formação técnica em comparação com todo o tempo prodigalizado exaltando o pequeno grupo admitido nas universidades da Ivy League. E gosto do que você fala quanto ao mito de bastar dispersarmos esforços suficientes para obtermos sucesso. E ninguém fala da maioria de universidades, faculdades públicas e escolas de formação técnica que não recebe recursos adequados. Quero salientar que esse tipo de hipocrisia desperta um forte ressentimento em grande parcela da população, não só nos Estados Unidos, onde é enorme a desigualdade no acesso ao ensino superior, mas também em países como o meu, a França, que teoricamente dispõe de um sistema público que financia o ensino superior, mas onde às vezes investimos três ou quatro vezes mais recursos por aluno em escolas de elite

IGUALDADE

do que em uma universidade comum ou em faculdades com dois anos de duração após o término do ensino médio. Isso não apenas é injusto, mas põe em xeque, na realidade, a dignidade pessoal.

Quero assinalar que a solução para o problema deve implicar um acréscimo quantitativo nos recursos destinados ao ensino superior. É importante, a certa altura, deixar claro que, se quisermos resolver a crescente necessidade de assistência médica, hospitais e ensino superior, simplesmente nada vai funcionar se tentarmos fazer isso com uma parcela estabilizada da renda nacional. Essa é exatamente, no final das contas, a contradição na qual fomos pegos nas últimas décadas. Em algum momento, precisamos aceitar a concepção de que a parcela de renda nacional investida tanto nesses serviços públicos quanto nos bens fundamentais tem que continuar a crescer. Onde isso vai parar? Se levar em conta os países europeus, até a Primeira Guerra Mundial eles dispunham de menos de 10% da renda nacional em arrecadação. Hoje, essa porcentagem é de 50%. Precisamos alcançar 60%, 70%, 80%? Não sei. Mas sei que precisa aumentar.

Se você dissesse a alguém cem anos atrás, na Europa, que a arrecadação chegaria a 50% da renda nacional, ora, as pessoas teriam dito: "Bem, isso é comunismo, o céu vai desabar, a economia vai entrar em colapso, a ordem social desaparecerá." De fato, a arrecadação atingiu esse patamar e, em termos históricos, foi um tremendo sucesso. Portanto, não deveríamos nos impressionar com quem hoje sabe de antemão que esse número tem de ser congelado para sempre. Na verdade, não será congelado. Se não aprimorarmos os serviços por meio de recursos públicos, haverá mais recursos privados aplicados na saúde – basta olhar os Estados Unidos. Haverá mais recursos privados investidos em pesquisa, mas no Google, na Microsoft, ou sabe-se lá onde, e haverá mais recursos investidos na educação em universidades privadas. Em alguns casos, isso acabará, na verdade, destruindo algumas das motivações extrínsecas sobre as quais discutíamos anteriormente. Então, sob todos os pontos de vista, o resultado não vai ser nada bom. A alternativa é que precisamos aceitar a ideia de aumentar os recursos públicos – uma ideia que vem acompanhada de nosso comprometimento com um regime fiscal mais equilibrado, com um retorno à fortíssima tributação progressiva tanto da renda quanto da riqueza. Esses são desafios que podem ser enfrentados, mas sob a condição de tomarmos consciência da magnitude da tarefa.

Isso me leva a outra pergunta que gostaria de lhe fazer para desafiá-lo um pouquinho mais. Se valorizarmos

IGUALDADE

a dignidade e quisermos obter o retorno mais difundido de uma sensação de dignidade para a sociedade, creio que precisamos comprimir, significativamente, a escala salarial e a de rendimento. Não estou dizendo que deveríamos chegar a uma igualdade salarial absoluta, equivalente a 1 para 1, mas acredito que 1 para 5 seria suficiente. Poderia discorrer mais a respeito do assunto, mas essa é a minha leitura da evidência histórica comparativa. Alguns podem sugerir 1 para 10. Mas quando a diferença entre a base e o topo da pirâmide é de 1 para 50, 1 para 100, 1 para 200, não estamos falando apenas de dinheiro. Na verdade, trata-se de uma questão de dignidade, pois significa que você pode comprar o tempo de outras pessoas, e isso traz consequências concretas. Você gasta apenas um pouquinho de sua renda e acredita ter o poder de ditar o que os demais farão com o tempo deles. Em consequência, todo o conjunto de relações sociais sofre péssima influência em função dessas enormes lacunas entre salários. Deveria haver salários máximos – e mínimos, é claro –, mas também precisamos voltar a ter uma forte carga de tributação progressiva. É como tarifar a poluição. Você quer uma alíquota de imposto 80%, 90% acima de certo patamar de renda. Isso ocorreu nos Estados Unidos durante meio século. Minha leitura da evidência histórica, e dediquei muito tempo a esse estudo, é que, na verdade, esse sistema funcionou muito bem.

Agora, eu me pergunto sobre o envolvimento não só de cientistas sociais, mas também de filósofos nessa batalha intelectual. E é a esse respeito que quero lhe propor um desafio. A leitura de *Uma teoria da justiça*, de John Rawls, publicado em 1971, sempre me causou estranheza, e conheço suas críticas ao trabalho de Rawls. O livro dele foi lançado em 1971, no exato período em que ocorreu aquele longo episódio de forte carga de tributação progressiva nos Estados Unidos, apesar da iminência de um colapso. E, na mesma época, na vertente do pensamento de direita, havia gente como Hayek, Nozik e Milton Friedman com ideias bastante claras a respeito de suas intenções. Eles queriam destruir por completo a tributação progressiva, e diziam isso o tempo todo. É claro, acabariam vencendo a batalha nos anos 1980.

Comparemos John Rawls à posição desses expoentes de direita. Embora ele se mostre a favor da tributação progressiva, nunca se posicionou explicitamente a respeito. É possível ler seu livro inteirinho sem se deparar com qualquer menção ao fato de ter havido uma taxa máxima de 80%-90% nos Estados Unidos das décadas de 1940 a 1960. Então dá para supor que

Rawls seja favorável à tributação progressiva, mas ele simplesmente se esquece de dizer isso. Fico me questionando se essa ausência de apetite por uma luta política relativa a esses problemas concretos talvez não fosse tão positiva, afinal. A direita intelectual lutava para abolir a tributação progressiva, mas a esquerda intelectual mostrou-se menos ávida em defendê-la. Creio que isso explica, em parte, o fato de os conservadores vencerem a batalha.

Quando leio Michael J. Sandel hoje, trinta, quarenta anos depois de John Rawls, observo um apetite muito maior em entrar na luta contra a globalização. E em seu novo epílogo do livro *O descontentamento da democracia*, no qual você cita tanto a administração de Clinton quanto a de Obama, demonstra estar muito mais fundamentado na história do que o tipo de escrita de John Rawls fazia supor. Contudo, ainda assim, você não defende a tributação progressiva nem outras questões políticas concretas tanto quanto eu acho que gostaria de ver em um filósofo. Então, proponho um desafio: se quisermos ter mais dignidade de trabalho, será que não precisamos de uma fortíssima compressão da escala salarial e da renda? Não precisamos vencer essa batalha intelectual com a ajuda de filósofos como você?

TRIBUTAÇÃO, SOLIDARIEDADE E COMUNIDADE

MICHAEL J. SANDEL. Tem razão, este é um grande desafio: responder não só em meu nome, mas no de filósofos como um todo. Em primeiro lugar, uma palavra de defesa em nome dos filósofos. Uma defesa – ainda que com certas ressalvas – de John Rawls, que, você tem toda a razão, eu critico. É possível justificar um sistema de tributação progressiva mais pesado com a ideia de Rawls do princípio da diferença. Ou seja, ajudar os membros menos favorecidos da sociedade e argumentar que a concepção de justiça de Rawls exige isso. É possível preparar uma defesa dentro dos termos de Rawls. Então, quero defendê-lo nesse sentido.

Acredito que faltava a Rawls – e essa é minha principal crítica – o desejo de definir e defender princípios de justiça de tal modo que não dependesse da afirmação de qualquer concepção particular do bem ou da boa vida. Meu principal argumento era não ser possível nem desejável desassociar as questões de justiça ou de distribuição das questões da boa vida, da valorização, como discutimos antes. Nisso consistia a minha principal linha de discordância.

Isso é relevante para o debate contemporâneo acerca da tributação progressiva. E estou de acordo com seus argumentos a favor do aumento da tributação progressiva. Entretanto, penso que, em termos morais e políticos, a defesa dessa tributação deve depender da capacidade de cultivar e apelar para um forte senso de comunidade, um forte sentimento de que, como concidadãos, estamos engajados em um projeto comum com reponsabilidades e dívidas mútuas. Então, os alicerces morais para a taxação progressiva e a redistribuição não podem ser isolados dessas questões de identidade, pertencimento, participação, comunidade e solidariedade.

Tradicionalmente, a política social e a filosofia se baseavam fortemente nas noções de solidariedade. Parte do que Rawls tentava fazer, talvez por estar descrevendo a experiência norte-americana, era defender a ideia da redistribuição de maneira compatível com determinada versão do individualismo norte-americano. E, em parte, esse é o motivo – não só esse, mas talvez por respeito a determinada ideia de pluralismo – de Rawls não querer fundamentar sua defesa em qualquer concepção particular de identidades compartilhadas, propósitos e fins comuns. Julgo que houve um erro filosófico, que também considero um erro político, tanto de democratas progressistas quanto de social-democratas, de tentar defender a tributação progressiva sem tratar da base moral de comunidade, de identidade nacional.

Então como criar tais condições? Como cultivar o senso de comunidade? Esse senso não pode ser

TRIBUTAÇÃO, SOLIDARIEDADE E COMUNIDADE

mera questão abstrata. Você está certo, Thomas, ao afirmar que toda riqueza é uma criação coletiva, não uma conquista individual. Esse é um ponto importante. Contudo, para sentir, perceber e acreditar que estamos engajados em um projeto comum, que somos dependentes uns dos outros e responsáveis uns pelos outros, precisamos criar, dentro da sociedade civil, condições e instituições que nos lembrem de nosso sentimento comunitário.

Então, eis aqui uma proposta concreta para aprofundar essa ideia de dignidade e reconhecimento mútuo. Um dos efeitos mais corrosivos do aumento das desigualdades nas últimas décadas é que as pessoas abastadas e as que dispõem de recursos modestos vivem cada vez mais vidas separadas. Matriculamos nossos filhos em escolas diferentes, como já discutimos, mas também moramos, trabalhamos, fazemos compras e nos divertimos em lugares diferentes. As classes abastadas abandonam os centros municipais e frequentam academias particulares. Na sociedade civil, há um número cada vez menor de instituições em que as classes se misturam, e cada vez menos ocasiões em que ricos e pobres se encontram no curso normal de suas vidas. Precisamos construir uma infraestrutura cívica para uma vida compartilhada na qual as pessoas

IGUALDADE

se encontrem, seja em clínicas de saúde, no transporte público, em parques públicos e áreas de recreação, em instalações municipais, bibliotecas públicas e até mesmo em estádios esportivos. Essa mistura involuntária de classes pode criar hábitos, atitudes e disposições que nos lembrem de nosso senso de comunidade. E isso faz parte de qualquer projeto que busque criar uma sociedade mais igualitária, antes mesmo de chegarmos às questões de taxas de impostos, embora concorde que são essenciais. Precisamos instituir lugares públicos e espaços comuns que aproximem pessoas de diferentes camadas sociais e cultivem o senso de responsabilidade e pertencimento mútuo.

Esse ponto, acredito, em termos filosóficos, faltou no projeto de John Rawls. Já em termos políticos, acredito que também falte nas políticas progressivas e social-democráticas ao longo dos últimos cinquenta anos. É por isso que considero que qualquer tentativa de alcançar uma sociedade mais igualitária dependerá de atentar para hábitos, atitudes e senso de um modo de vida compartilhada que vêm sendo minados pelo crescente abismo entre os ricos e os demais. Essa é uma observação prática, não uma observação filosófica propriamente dita, mas está vinculada à ideia filosófica de que não é possível separar a defesa de uma tributação progressiva

TRIBUTAÇÃO, SOLIDARIEDADE E COMUNIDADE

mais rigorosa ou um Estado social mais robusto de certa concepção de propósitos e fins comuns compartilhados. O que você acha?

PIKETTY. Concordo totalmente, mas diria que isso funciona nos dois sentidos, pois você diz que não pode defender a tributação progressiva e a compressão salarial sem enfatizar a comunhão, a experiência de compartilhamento, os valores cívicos. Estou de acordo. Mas é possível defender a comunhão sem insistir na tributação progressiva?

SANDEL. Não, ambas são reciprocamente dependentes, concordo. Uma depende da outra.

PIKETTY. Mas quando você diz que precisamos esperar...

SANDEL. Não se trata de esperar. Temos que trabalhar de modo simultâneo.

PIKETTY. Então vou esperar pelo seu próximo livro!

8.
Fronteiras, migração e mudança climática

MICHAEL J. SANDEL. Note que isso sugere uma questão ainda mais difícil. Tem a ver com a dimensão transnacional de igualdade e desigualdade, a respeito da qual você escreveu. Esse é um desafio extraordinário, se concordamos que uma sociedade mais igualitária depende de vínculos mais fortes entre os cidadãos. Se você tem razão ao afirmar que qualquer projeto de igualdade precisa de uma dimensão transnacional, e concordo com sua opinião, acha que isso será factível? E como deve ser? É possível criar formas de aliança e pertencimento além do Estado-nação? Demoramos um tempão gerando um robusto senso de comunidade mesmo dentro do Estado-nação. Como podemos criar uma forma de redistribuição federada e transnacional, bem como uma justiça global mais ampla, ao mesmo tempo que aguardamos a importância das identidades compartilhadas como motivação para compartilhar recursos?

IGUALDADE

THOMAS PIKETTY. Defendo o socialismo democrático, o socialismo federal internacionalista. Gostaria que existisse uma espécie de Estados Unidos do Mundo com tributação progressiva. Isso levará muito tempo, embora estejamos progredindo no campo das ideias – por exemplo, um imposto mínimo global para multinacionais e bilionários. Antes disso, no entanto, precisamos conceber uma nova forma de internacionalismo. Inicialmente, no que diz respeito à tributação progressiva, muito mais poderia ser feito apenas no nível dos Estados-nações existentes. Se considerarmos um país como os Estados Unidos, o governo federal tem ampla capacidade estatal para impor uma forte carga de tributação progressiva sem solicitar autorização às Nações Unidas, à Europa ou a quem quer que seja. Isso pode ser feito. Isso deve ser feito. Isso pode ser feito agora mesmo, em se tratando dos Estados Unidos.

No entanto, se considerarmos uma visão mais abrangente para a democracia transnacional, para a justiça transnacional, o grande problema, que você identificou muito bem, é que os governos de centro-esquerda, nas últimas décadas, adotaram a religião do livre-comércio, sem qualquer forma de regulamentação, algo que foi longe, longe demais. Primeiro, os Estados concederam às pessoas o direito de transportar o que bem entendem

FRONTEIRAS, MIGRAÇÃO E MUDANÇA CLIMÁTICA

entre países sem qualquer obrigação coletiva. Assim, é possível começar a acumular riqueza, por exemplo, nos Estados Unidos, na França ou na Alemanha usando toda a infraestrutura pública, o sistema jurídico, as escolas e os hospitais desses países, de que tanto você quanto seus funcionários dependerão. Mas depois você adquire o direito de apertar um botão e transferir essa riqueza para outra jurisdição sem qualquer possibilidade de o governo nacional rastreá-la e cobrar os impostos devidos. E então o governo diz aos cidadãos: "Isso é péssimo. Mas não sabemos para onde foi essa riqueza. Não há nada a ser feito." Acontece que o governo ajudou a estabelecer esse sistema jurídico internacional incrivelmente sofisticado, que permite a alguém pressionar um botão e transferir a riqueza para outro lugar. Há nisso um quê de hipocrisia. Começamos a criar um sistema jurídico internacional feito basicamente para permitir aos mais riscos escapar por completo de seus deveres comuns como cidadãos, e depois fingimos que é tudo natural.

Essa é a pior coisa a ser feita no que diz respeito ao internacionalismo; é a receita ideal para despertar o ódio das pessoas pelo internacionalismo. De certa forma, é uma tristeza Donald Trump poder fingir ser mais moderado que os internacionalistas. Tomemos como exemplo o NAFTA, tão celebrado por Bill Clinton. No final das contas, foi Trump, na campanha de 2016 contra Hillary Clinton, quem pareceu mais moderado em relação ao NAFTA, e quem, de fato, aprovou uma legislação que incluiu uma cláusula no acordo decretando que, para as fábricas exportarem carros do México para os Estados Unidos, parte da produção deveria ocorrer em territórios cujo salário por hora fosse superior a 20 dólares, ou alguma condição salarial semelhante. Sinceramente, os parâmetros impostos foram estabelecidos de tal forma que essa legislação não rendeu frutos. Não produziu grande impacto salarial nos centros de produção norte-americanos, e foi mais um gesto teatral de Trump do que algo real. Contudo, o simples fato de esse tipo de inclusão de um componente social e salarial, em um acordo firmado pelos democratas (o NAFTA), ter sido sancionado sob o governo republicano de Trump demonstra a que ponto as coisas viraram de ponta-cabeça.

O mesmo ocorreu em meu país quando o Partido Socialista aprovou a total integração do livre-comércio na Europa e a entrada da China na OMC. Um dos maiores indicadores do voto a favor de Le Pen na França, ainda hoje, é quem votou "Não" no referendo de 2005 para a Constituição Europeia, vista como a sacralização

FRONTEIRAS, MIGRAÇÃO E MUDANÇA CLIMÁTICA

do livre-comércio e do livre fluxo de capital. Essas cidades pequenas, em especial no norte da França, foram as maiores vítimas da perda de empregos nas fábricas, em consequência da entrada dos chineses na OMC. Foram seus eleitores que, em termos desproporcionais, votaram "Não" em 2005; até hoje, muitos deles ainda votam em Le Pen. Estudos similares nos Estados Unidos atestam que as localidades e os municípios com o maior número de empregos perdidos em função da competição chinesa votam majoritariamente em Trump. E, de acordo com algumas estimativas, sem esses votos extras, Trump não teria sido eleito em 2016. Todos esses fatos devem ser levados a sério para nos darmos conta de que não é possível simplesmente culpar os populistas de direita, culpar seus eleitores "deploráveis", seus líderes "deploráveis" etc. Em minha opinião, os partidos de esquerda e de centro-esquerda no poder só devem culpar a si mesmos e compreender que o modo como conceberam o internacionalismo e a globalização lhes garantiu o ódio das pessoas comuns. Por ser um internacionalista e um socialista internacionalista, isso me deixa particularmente aborrecido. Então, o que fazer para mudar essa situação hoje? Penso que devemos começar pela perspectiva de que tanto países quanto governos individuais têm o direito de definir condições

IGUALDADE

estabelecendo como querem se integrar, em termos de relações econômicas e financeiras, com o restante do mundo. Levantemos um exemplo bem concreto. Suponhamos que você esteja na França e o país pretenda tributar os lucros corporativos em 30%. Há outros países exportando para você – nações europeias, como os Países Baixos e a Irlanda, ou outros países como a China, o Brasil e os Estados Unidos –, com alíquota do imposto de apenas 10%, 15% ou 0%, e não de 30%. Você pode supor uma assimetria similar no que tange aos impostos sobre a emissão de carbono ou outras regras sociais e ambientais. Então a França deveria dizer: "Tudo bem, você quer exportar bens e serviços para mim, mas existe um déficit tributário, pois os produtores que atuam no território francês pagam 30% de imposto corporativo enquanto os seus produtores pagam 10%. Ou seja, há um déficit fiscal de 20% e vou lhe cobrar a diferença quando você exportar seus bens e serviços para mim." Não se trata de um protecionismo padrão. A diferença é que se o outro país aumentar sua alíquota para 30% ou aumentar o preço do carbono no mesmo patamar do seu, então a sanção comercial desaparecerá. É muito diferente de um protecionismo padrão, no sentido de ser uma tentativa de levar todos a padrões mais elevados. Em termos ideais, uma fração do imposto sobre rendimentos correspondente deveria ser transferida para os países em desenvolvimento no Sul global a fim de enfatizar a dimensão universalista dessa política. Mas veja: se países, individualmente, não fazem nada disso e apenas esperam a unanimidade ou uma ampla coalisão que solucione o problema para eles, nada vai mudar. Em dado momento, precisamos, de fato, descartar o mapa padrão e aceitar soluções como essa. Você pode alegar que isso é sinônimo de atitude soberana, mas eu a chamaria de "soberania universalista", no sentido de que usa um critério universal de justiça social e ambiental a fim de definir as condições sob as quais a integração econômica global pode continuar. Algumas pessoas ficarão extremamente insatisfeitas. Outras, certamente tentarão usar argumentos jurídicos para fingir que isso é proibido. Invocarão a lei da União Europeia e a lei da Organização Mundial do Comércio. Lançarão mão de argumentos jurídicos, como muitos conservadores já tentaram historicamente, para fingir que, ainda que a maioria deseje fazer alguma coisa em um país específico, não deveria receber autorização para tanto. No final das contas, precisamos implementar algo como a "soberania universalista" se quisermos evitar o colapso total do internacionalismo.

IGUALDADE

Qual seria a alternativa? Caso não façamos algo nesses moldes para controlar os fluxos de capital e de comércio, a alternativa será dar espaço para os nativistas que controlarão os fluxos de trabalhadores e para as pessoas cujo foco seja a identidade nacional. E a situação vai ficar feia. Os problemas sociais e ambientais que precisamos resolver não serão resolvidos. Sim, alguns podem dizer: "Tudo bem, será um desastre, mas, em determinado momento, eles vão acabar perdendo." Bem, Trump perdeu em 2020 e voltou a concorrer. Não tenho certeza se queremos arriscar essa estratégia por muito tempo. Há um risco real de os supostos "progressistas" – ou daqueles que gostam de se autodenominar progressistas – se colocarem, de fato, cada vez mais na posição de defender os vencedores da globalização. Quando a realidade que defendem se enraizar, será muito difícil mudar.

Então, sim, o internacionalismo precisa ser recriado, e isso só será possível questionando os próprios pilares dos tipos de regimes de livre-comércio e livre fluxo de capital desenvolvidos trinta ou quarenta anos atrás. Espero que a mudança chegue de maneira pacífica, por meio de uma mobilização democrática. Mas talvez chegue como resultado de uma enorme pressão do Sul global, pois acredito que o grande elefante na sala aqui

FRONTEIRAS, MIGRAÇÃO E MUDANÇA CLIMÁTICA

seja o fato de que a ascensão do livre-comércio desregulamentado e o enriquecimento dos países do Norte global chegaram junto com o declínio drástico da habitabilidade planetária – declínio que atinge primeiro os países do Sul global, que atualmente se encontram sob pressão para colaborar na luta da Ucrânia, e, em termos mais gerais, obedecer à pauta estabelecida pelo Norte. Porém, muitos países do Sul andam pensando: "Ora, vocês só estão pensando no próprio lucro, no próprio enriquecimento, mas não dão a mínima importância para todo o dano causado por serem ricos." Todo esse trabalho para conquistar a transformação do sistema econômico global, do sistema financeiro, do sistema fiscal e da regulamentação ambiental é para reconciliar as pessoas do Norte com a globalização e o internacionalismo, bem como reconciliar o Sul e o Norte, por assim dizer, graças a alguma forma de projeto compartilhado. Caso contrário, chegaremos a uma situação de confronto radical.

SANDEL. Se compreendi bem a proposta que acabou de articular, os Estados-nações soberanos, em especial os grandes, podem implementar políticas unilaterais com o intuito de evitar que as empresas busquem paraísos fiscais ou transfiram capitais e driblem impostos dentro desses países. Outra abordagem – e talvez você a considere irrealista – seria tentar obter algum acordo global ou que instituições transnacionais estabelecessem alíquotas de impostos corporativas mínimas. Acha isso muito difícil?

PIKETTY. Devemos buscar as duas estratégias ao mesmo tempo. Precisamos de uma ação unilateral como a que descrevi, de modo a movimentar o processo. Ao mesmo tempo, é claro, precisamos propor uma cooperação internacional. Isso poderia consistir em um imposto mínimo, no nível da Organização para a Cooperação e Desenvolvimento Econômico (OCDE), ou, em termos ideais, na tributação sobre os lucros corporativos e de bilionários, no nível das Nações Unidas. Aos poucos, o processo que busca taxar os lucros de corporações já começou, pois a maioria dos países concordou, não faz muito tempo, com um plano proposto pela OCDE para uma alíquota de imposto mínima de 15%. Entretanto, se investigarmos a fundo os detalhes, nisso residem dois problemas fundamentais. Um deles é que há muitas brechas que permitem que países, individualmente, escapem desse imposto mínimo de 15%. Além disso, para todos os efeitos, essa alíquota mínima é muito

FRONTEIRAS, MIGRAÇÃO E MUDANÇA CLIMÁTICA

baixa e só beneficia os países ricos. Em resumo, os países pobres do Sul global recebem menos de 1% da nova receita fiscal. Na realidade, trata-se de uma jogada entre as administrações fiscais de Washington, Paris e Berlim para repartir entre si algumas das receitas tributárias atualmente em paraísos fiscais, deixando de lado os países do Sul.

Considero essa decisão totalmente inaceitável, se levarmos em conta que os países do Sul solicitam há muito tempo uma convenção sobre cooperação tributária da ONU em substituição à da OCDE. A diferença reside no fato de que a OCDE é um clube de países ricos, então, obviamente, os membros do clube rico tendem a repartir a renda entre si, enquanto na ONU temos países da África Saariana, da Ásia Meridional etc. Na Assembleia Geral da ONU em 2023, todos votaram a favor da convenção tributária, à exceção da Europa Ocidental e dos Estados Unidos.* Evidentemente, todos os membros do BRICS – grupo de países emergentes formado por Brasil, Rússia, Índia, China e África do

---

* Após as deliberações a respeito da convenção tributária discutida na Assembleia Geral da ONU de 2023, na realidade, as nações integrantes da União Europeia se abstiveram de votar, e oito países votaram contra. Foram eles: Austrália, Canadá, Coreia do Sul, Estados Unidos, Israel, Japão, Nova Zelândia e Reino Unido. [*N. da E.*]

IGUALDADE

Sul – votaram a favor dessa resolução, bem como todos os países da África e todos da América Latina, mas ninguém fala sobre isso no Ocidente. Em vez disso, só se fala da Ucrânia, um seríssimo problema por si só, é claro. Porém, ignora-se esse problema de confiança, de justiça nacional e de redistribuição entre os países do Norte e do Sul.

Isso está errado, sobretudo se levarmos em conta os dois séculos de desenvolvimento no Norte, que, volto a repetir, não teriam acontecido sem os recursos mundiais em commodities, recursos naturais e mão de obra. Veja o exemplo do algodão que mencionei antes, além da mão de obra escravizada da África para a América do Norte e que produzia o algodão usado nas fábricas europeias, enquanto estas ignoravam a produção chinesa e indiana, muito consistente no início do século XIX. Temos conhecimento disso tudo. Escreveu-se sobre tudo isso há tempos, só que nossa tendência é esquecer o assunto quando temos discussões concretas acerca, por exemplo, da taxa da OCDE. Então, sim, precisamos de mais cooperação internacional, mas as medidas devem ser tomadas de maneira menos hipócrita e levando mais em conta os países do Sul.

E não deveríamos ser tão ingênuos. Acredito que, no fim das contas, é preciso que os governos individuais

FRONTEIRAS, MIGRAÇÃO E MUDANÇA CLIMÁTICA

façam o que está a seu alcance de imediato e parem de usar sempre como desculpa o fato de desejarem uma coalisão mundial ou a unanimidade, que, com certeza, também precisa ser promovida. Na Europa, sou favorável ao que chamo de federalismo social. Tenho defendido uma forma diferente do Parlamento europeu, baseada em assembleias nacionais nas quais, ao adotar o princípio da maioria, possamos instituir impostos, em nível europeu, sobre a emissão de carbono e sobre a riqueza. Também sou favorável a uma assembleia paritária entre a União Europeia e a União Africana, a fim de instituir uma tributação conjunta para financiar bens públicos globais ao longo do Mediterrâneo. Em resumo, sou um internacionalista e federalista comprometido; ao mesmo tempo, acredito que, para avançarmos, precisamos dessas estratégias unilaterais por parte dos países. Não queremos escolher entre duas estratégias. Precisamos de ambas.

SANDEL. Eu me pergunto se podemos discutir como essa abordagem se aplicaria ao debate referente à mudança climática. É muito difícil, como vimos, conseguir que os países concordem com sua responsabilidade de reduzir as emissões de dióxido de carbono. E sempre ocorrem duras negociações toda vez que temos convenções climáticas globais. Alguns países ocidentais, em especial os Estados Unidos, insistem, nos acordos globais, em um dispositivo que garanta a existência de créditos de emissão de carbono negociáveis. Isso significa, dizem os países, que aceitarão compromissos mais rígidos para a redução de emissões se lhes permitirem atingir essas metas não apenas reduzindo as próprias emissões, mas pagando outros países para reduzir suas emissões e receber crédito para isso. O que pensa dessa abordagem?

PIKETTY. Bem, essa é uma desculpa para os Estados Unidos não reduzirem suas emissões de carbono. Essa proposta não apenas é inaceitável, mas acabará provocando, nos próximos anos, uma grande revolta no restante do mundo. Em algum momento, isso vai acabar acontecendo. Se você analisar a quantidade acumulada de emissões de carbono nos Estados Unidos e na Europa Ocidental, ao longo dos últimos duzentos anos, se comparada à parcela dessas duas regiões na população mundial, elas são responsáveis por 60% ou 70% das emissões acumuladas, embora representem menos de 20% da população. Se a essas duas regiões acrescentarmos a Rússia e a China, chegaremos a 80% ou 90% das emissões acumuladas para menos de 40% da população total. Em algum momento, isso vai provocar revolta.

FRONTEIRAS, MIGRAÇÃO E MUDANÇA CLIMÁTICA

É preciso haver uma tremenda redução de emissões nos Estados Unidos e na Europa. Isso já começou aos poucos, mas em patamares incrivelmente altos *per capita*. Alguns contestam, dizendo "ah, mas veja só a China", e é verdade que as emissões totais no país alcançaram um patamar muito alto, porém a população chinesa excede 1 bilhão de pessoas. É como se o povo da Suíça dissesse ao da França: "Vejam, temos pouquíssimas emissões." Bem, a população da Suíça é dez vezes menor. Então essa é uma jogada idiota. Se países com populações menores fazem de conta que podem continuar poluindo pelo simples fato de terem uma população menor, não avançaremos muito. Precisamos verificar o nível de emissão de carbono *per capita*. E, em termos de nível de emissões de gases de efeito estufa por pessoa, a verdade é que os Estados Unidos emitem mais de 15 toneladas *per capita* há muitas décadas. Os países europeus emitiram mais de 10 ou 12 toneladas *per capita* até 1990-2000. Até parece que a China será capaz de se desenvolver sem jamais atingir mais de 8 ou 9 toneladas *per capita*. Certamente é possível argumentar que a tecnologia mudou ou que não tínhamos tanto conhecimento cinquenta anos atrás. Em parte, isso é verdade. Mas, no final das contas, foi assim que nos desenvolvemos; foi assim que nos tornamos ricos.

IGUALDADE

Nós, você e eu, não somos responsáveis pelas escolhas feitas por esses países há cinquenta ou duzentos anos, mas somos responsáveis por decidir não levar isso em conta ao olharmos nossa responsabilidade hoje.

Então qual é a solução? Acredito que uma das grandes batalhas a serem enfrentadas entre as ideologias nacionalista, socialista e liberal que descrevi antes é que nacionalistas como Trump e Le Pen vão afirmar cada vez com mais firmeza: "Tudo bem, vocês querem que a gente pague, e não a China ou a Índia. Mas nós não queremos pagar." O problema é que, se você quiser uma redistribuição de país a país – os Estados Unidos têm que pagar, a França tem que pagar, e assim por diante –, acabaremos chegando a um beco sem saída, pois os nacionalistas vão sair ganhando. Muitas pessoas nos Estados Unidos, e talvez até na França, na Europa, dirão: "Bem, não sou tão rico assim. Por que eu deveria pagar? Há muita gente rica na China. Por que eu deveria pagar por eles?" Isso não vai dar certo. Por esse motivo, precisamos passar de uma representação territorial do conflito para algo mais próximo de um conflito de classes. Queremos que bilionários e multinacionais de grande porte paguem, não importa se estão nos Estados Unidos, na China ou na Europa. Na Conferência do Clima de Paris de 2015, os países ricos se comprometeram a investir em medidas de combate à mudança climática e adaptação em países em desenvolvimento, mas os valores eram baixíssimos se comparados ao exigido para investimentos em tecnologia verde na África e na Ásia Meridional – e mesmo essas ínfimas quantias ainda não foram desembolsadas. Se não exigirmos desses governos que providenciem esses pagamentos com seus orçamentos gerais, nada vai funcionar.

Em vez disso, precisamos de uma fração direcionada, específica, de uma tarifa de imposto global para os bilionários do topo da pirâmide e para as multinacionais que seja entregue diretamente para os países no Sul global, proporcionalmente a suas populações, e talvez a suas exposições à mudança climática. Antes nos referimos a uma tarifa de tributação mínima para multinacionais e bilionários. Acredito que uma fração desse valor deveria ir diretamente para todos os países do mundo, independentemente da base tributária, de bilionários ou multinacionais terem ou não investido especificamente no país. Porque se lançarmos um olhar mais amplo ao dano climático e aos duzentos anos de desenvolvimento industrial no planeta, o fato é que todos os países estão expostos às mudanças climáticas, sobretudo no Sul global.

IGUALDADE

É preciso retomar o conceito básico do direito ao desenvolvimento, ao autogoverno, à autodeterminação. Isso exige uma arrecadação mínima para permitir que a África Subsaariana e a Ásia Meridional invistam em energia verde, em energia solar e em escolas e hospitais. A única forma de tornar isso aceitável para a opinião pública, tanto nos Estados Unidos quanto na França, é ter como alvo específico as grandes fortunas e as grandes corporações, que pagarão diretamente. Caso contrário, nada disso vai funcionar. Se nada parecido for feito, a competição geopolítica virá da China e da Rússia, países que proporão algum outro mecanismo de financiamento com exigências no campo da influência política altamente questionáveis. Entretanto, se os países ocidentais não propuserem algo mais aceitável, é isso que vai acontecer. Não resta a menor dúvida.

SANDEL. Permita-me testar seus princípios socialistas internacionais com uma questão a respeito das fronteiras. Há razões baseadas em princípios para não se abrir as fronteiras?

PIKETTY. Creio se tratar do mesmo problema. Há diferentes níveis de governo – na sua vizinhança, sua região, no seu país, seu continente, no mundo. Precisamos examinar

FRONTEIRAS, MIGRAÇÃO E MUDANÇA CLIMÁTICA

cada um desses níveis. Quais são os custos e os benefícios do autogoverno *versus* a cooperação internacional?

Para ser mais específico, acredito que a livre circulação de pessoas sempre vem acompanhada da necessidade do financiamento de alguns bens públicos específicos, como educação, transporte ou meio ambiente. Tomemos como exemplo os Estados-membros da União Europeia. Eles decidiram que você é livre para estudar em qualquer país da União Europeia. Considero esse princípio fantástico, uma de suas grandes conquistas. O único problema é que não houve qualquer planejamento a fim de cobrir o financiamento universitário. Talvez estejamos enfrentando uma situação na qual os contribuintes franceses ou alemães pagam para um estudante frequentar a universidade, mas então esse aluno se muda para outro país, e não há um imposto de renda federal comum na Europa. Esse sistema é muito estranho porque, no final, o sistema é subfinanciado. Precisamos planejar o financiamento comum. O que fazemos com o restante do mundo levanta questões similares. O estabelecido nos últimos dez anos na Europa é a cobrança de mensalidades altíssimas para alunos vindos de países de outros continentes. No momento, a situação é a seguinte: se recebemos um aluno da Noruega ou da Alemanha em universidades francesas, ele paga uma quantia próxima a zero. Mas se recebemos alunos de Mali ou de Bangladesh eles têm de pagar 5 ou 10 mil euros cada para ingressar em nossas universidades. Isso é o melhor que podemos fazer? Não tenho certeza. Gostaria de uma livre circulação maior, de um leque maior de possibilidades para receber estudantes. Isso, porém, teria de vir acompanhado de algum regime tributário internacional a fim de cobrir tais custos.

Esse é um exemplo ou uma resposta específica para uma pergunta geral, mas ilustra o ponto que pretendo defender como um todo. Se planejarmos com razoável eficiência o financiamento de serviços públicos, sejam eles universidades, hospitais, moradias, transportes ou infraestrutura, não vejo motivos para as fortes restrições na livre circulação. Claro, tudo isso é uma longa lista de incógnitas. Mas o fato é que, na minha concepção de socialismo democrático, federalista e internacionalista, estaríamos muito próximos da livre circulação e das fronteiras abertas.

SANDEL. Então, no momento, os países ricos têm o direito de impedir a entrada de migrantes provenientes de países pobres?

PIKETTY. O que você quer dizer com direito? Todos temos o direito de pensar em um sistema melhor. Todos temos o dever de pensar em um conjunto de instituições melhores. Portanto, se está me perguntando se a Europa, no momento, é suficientemente aberta para o restante do mundo, no que tange aos fluxos migratórios, minha resposta é não. Nossa atual estratégia é afirmar que precisamos ter mais 10 mil ou 50 mil pessoas mortas no Mediterrâneo para garantir que ninguém mais queira cruzar o mar. Isso é o melhor que podemos fazer? Estamos dizendo: "Pensamos muito a respeito. E depois de 2 mil anos de civilização em torno da bacia Mediterrânea, essa é a melhor solução encontrada para controlar os fluxos humanos." Se está me perguntando se essa é a melhor solução, então a resposta é não, essa não é a melhor solução.

Nunca fomos tão ricos, então, é claro, poderíamos fazer muito mais. No entanto, esse é mais um exemplo de que, por termos abandonado alguma ambiciosa continuação da agenda igualitária de transformar os mais poderosos atores econômicos responsáveis pelo controle democrático e fazer com que contribuam para os bens públicos que precisamos financiar, surge esse discurso nativista de jogar a culpa por nossos problemas nos imigrantes ou, supostamente, no número excessivo de fronteiras abertas.

Na verdade, a magnitude do fluxo, se comparada à população europeia de 500 milhões de pessoas, é relativamente pequena.

9.

O futuro da esquerda: economia e identidade

MICHAEL J. SANDEL. O motivo de eu o estar pressionando a esse respeito, Thomas, nos leva a um assunto que deveríamos discutir antes de concluirmos nossa conversa: o futuro da esquerda. Tenho a impressão de que uma das maiores vulnerabilidades políticas dos partidos social-democráticos é terem permitido o direito de monopolizar alguns dos mais potentes sentimentos políticos – o patriotismo, a comunidade e o pertencimento. A migração é um assunto que nos obriga a questionar o significado moral das fronteiras nacionais e, por tabela, o significado moral de nações como comunidades de mútua dependência e responsabilidade.

Em minha percepção, o futuro das políticas de esquerda vai depender da elaboração de respostas mais abrangentes para esse tipo de problema. Vejo como um erro ceder o patriotismo a partidos de direita. Penso que os partidos progressistas e da social-democracia deveriam articular sua própria concepção do significado de patriotismo e pertencimento. Por exemplo, quando empresas buscam paraísos fiscais em vez de pagar impostos nos países em que vendem seus produtos e recebem seus lucros, isso não poderia ser descrito como um fracasso do patriotismo econômico? As empresas não têm o dever patriótico de pagar impostos e contribuir para o bem comum no país que viabiliza seu sucesso?

Além desse exemplo, você não concorda que os partidos de esquerda vêm enfrentando tempos difíceis, sobretudo nas décadas recentes, para articular uma ética de participação, pertencimento, comunidade e identidade compartilhada? O que aconteceu com o tradicional orgulho cívico, com a ênfase na solidariedade nacional e nas mútuas obrigações dos cidadãos? O sentimento saudável de orgulho cívico pode oferecer uma alternativa à xenofobia e ao hipernacionalismo. E isso não é também necessário para apoiar um Estado de bem-estar social mais generoso, tão valorizado por social-democratas e socialistas democráticos?

THOMAS PIKETTY. Para início de conversa, acredito que o voto a favor de Trump ou de Le Pen tem como principal explicação, se você analisar os lugares específicos em

O FUTURO DA ESQUERDA: ECONOMIA E IDENTIDADE

que recebem muitos votos, a perda de empregos – em particular a falta de postos de trabalho em indústrias, em função da competição comercial –, não o fluxo migratório. E é importantíssimo observar esse ponto. Portanto, se tentar explicar os lugares em que há um número bem maior de votos a favor de Trump ou de Le Pen com base no fluxo migratório ou na proporção de pessoas de origem estrangeira ou de extraeuropeus na população, a explicação será bastante insatisfatória.

SANDEL. Mas a questão migratória é de alta relevância em alguns locais em que há pouquíssimos imigrantes. Qual a sua explicação?

PIKETTY. Não se trata da inexistência de eventos observáveis capazes de explicar as cotas. Há outro evento observável que explica muito bem esse cenário: a destruição de empregos. Vamos abordar o tema. Você está me perguntando o motivo de a esquerda não ter sido capaz de responder a essas demandas. Pois bem, isso se deve ao fato de não ter abordado as questões relativas aos empregos e ao comércio. A esquerda não vai vencer se competir com o discurso de identidade da direita nacionalista ou o discurso contra os imigrantes, pois o nacionalismo de direita sempre será mais convincente nessa frente de batalha. O importante, acredito, é abordar qual é, de fato, a questão central para os eleitores. Nos Estados Unidos, fica muito evidente que, nos estados em que Trump obteve maioria de votos, o grande indicativo é a eliminação de empregos na indústria. Não é o fluxo de imigrantes de países muçulmanos ou o que quer que seja. Isso é um erro.

Vemos a mesma evolução na França. É evidente que os eleitores que votavam historicamente na Frente Nacional, em Jean-Marie Le Pen, pai de Marine Le Pen, moravam em áreas urbanas, próximos à população de imigrantes. Além disso, historicamente, havia entre os eleitores de Le Pen pessoas manifestamente avessas aos imigrantes do norte da África. Esses eleitores foram absorvidos por completo, a princípio, por Nicolas Sarkozy, pelo partido LR (Republicanos), de direita, favorável ao livre-comércio, enquanto vários outros votaram em Éric Zemmour, em 2022, um candidato extremamente antimuçulmano – muito mais violentamente antimuçulmano, de certa maneira, do que Le Pen –, mas, no que diz respeito às questões econômicas, francamente favorável ao livre-comércio. Nos últimos tempos, Zemmour vem angariando o voto racista e burguês, se preferirmos dar-lhe esse nome, além de muitos votos em áreas urbanas. O que restou do Reagrupamento Nacional, o novo nome da Frente Nacional, partido de Marine Le Pen, é o eleitor de cidades pequenas sem população de imigrantes e onde o verdadeiro problema consiste na oposição à integração comercial europeia e ao Tratado Constitucional Europeu de 2005.

Sarkozy, no período em que exerceu o poder na França, foi a voz da direita liberal e do livre mercado. Ele tentou angariar votos desses eleitores demonstrando forte ênfase na identidade nacional, e agiu de forma muito veemente. Em declaração, afirmou: "Temos muitos jovens, rapazes e moças, em especial rapazes, chegando do norte da África. Precisamos nos livrar deles. Vamos despachar policiais para todos os lugares." Porém, ao mesmo tempo, ele tentou a ratificação do Tratado Constitucional Europeu de 2005 pelo parlamento, sem alterar uma vírgula – um tratado que já recebera do povo o "não" em referendo. Esses eleitores disseram: "Tudo bem, você acha que vai obter nosso voto sendo violento com os africanos, mas, no fundo, não ligamos para isso. Nosso maior problema é a competição comercial. E pouco importa se essa competição vem da Turquia, da China, da Argélia ou do México. O problema é que estamos perdendo nossos empregos."

Outro problema, também muito importante nos Estados Unidos, é que os moradores de cidades pequenas são sempre estigmatizados. Eles são criticados, por exemplo, por terem carro, por terem casa própria. E os habitantes das capitais os acusam de serem responsáveis pela mudança climática, pelas emissões de carbono. No entanto, os habitantes das capitais viajam de avião para passar o final de semana em Roma; suas emissões de carbono são muitíssimo maiores que às dos outros. Acredito que especificamente esses problemas relativos à perda de empregos, ao comércio, à competição, ao transporte e à moradia levaram a essa sensação de terem sido abandonados tanto pelos partidos de centro-direita quanto pelos de centro-esquerda, bem mais do que os problemas de identidade nacional. É possível constatar que os políticos que tentaram competir com a direta nacionalista, no que diz respeito à identidade – Sarkozy e Zemmour no contexto da França –, não foram capazes de atrair esses eleitores, na realidade ansiosos por uma mudança na organização da globalização econômica e no sistema econômico.

Em resumo, acredito que o problema da esquerda não reside apenas no fato de não ter questionado o modo como a economia foi organizada, mas de ter participado como campeã de sua evolução, como você demostrou de forma bastante acertada. Esse é um desafio que não foi abordado de maneira séria, pois a esquerda hoje repete basicamente: "Tudo bem, deveríamos conseguir

O FUTURO DA ESQUERDA: ECONOMIA E IDENTIDADE

alguns acordos internacionais, deveríamos conseguir alguns acordos internacionais, deveríamos conseguir alguns acordos internacionais." Mas se não conseguem tais acordos, o que fazem? Absolutamente nada. Por isso essa espécie de ação unilateral que descrevi antes é muito importante. Enquanto a esquerda disser, "Tudo bem, estamos à espera de algum acordo internacional para definir o sistema tributário unificado e o imposto sobre emissão de carbono e outros mais", na verdade está dizendo ao público: "Não podemos fazer nada sem a anuência dos outros. À exceção de uma coisa. Só há uma política econômica a ser seguida: controlar nossas fronteiras para resolver o problema da migração e da identidade nacional." Se você repete isso para o público ao longo de várias décadas, se finge que essa é a única coisa que pode ser controlada, então não deve ficar surpreso quando toda a discussão política se resume ao controle de fronteiras e à questão da identidade nacional. Acredito que essa seja uma armadilha, algo a ser evitado a qualquer custo; afinal de contas, isso acabará levando à vitória dos partidos nacionalistas.

Agora, o discurso da vertente nacionalista também faz sentido. Volto a dizer que, se analisarmos as discussões políticas desde a Revolução Industrial, elas sempre abrangeram, para simplificar, três grandes

IGUALDADE

famílias ideológicas: o nacionalismo, o liberalismo e o socialismo. Para mim, cada uma dessas principais famílias apresenta um ponto válido. O liberalismo trouxe contribuições, graças à sua insistência na pluralidade de pontos de vista e questões políticas, e em sua ênfase nas forças de mercado. A competição trouxe contribuições, em certa medida, para a prosperidade, salvo pelo fato de ter trazido, de quebra, enormes custos sociais, danos sociais e destruição ambiental. E, em seguida, temos duas respostas primordiais aos desafios provenientes do liberalismo. Temos o nacionalismo, que enfatiza a solidariedade étnica nacional. Não se trata necessariamente de uma idiotice completa. Em alguns casos, pode até funcionar. É impossível ter um governo mundial de imediato. São necessários mais interesses locais e mais solidariedade no âmbito da comunidade local. No entanto, há também muitas limitações nos tipos de problemas que essa ideologia pode resolver e, com frequência, ela foi usada como véu para preservar o poder das elites tradicionais locais. Assim, temos várias formas de socialismo internacionalista ou socialismo democrático tentando criar um sistema econômico diferente e alternativo. Essa é uma tarefa muito difícil, mas tem obtido um sucesso incrível, com a ascensão da social-democracia, da desmercantilização e da tributação progressiva. Não estou afirmando que precisamos apenas de um dos pilares para que a democracia funcione; precisamos que cada um desses três pilares seja sólido. Contudo, o pilar socialista ou o pilar redistributivo da esquerda tem se mostrado frágil desde o colapso da União Soviética. Precisamos que volte a ser forte, se quisermos que a democracia funcione tanto no âmbito nacional quanto no transnacional.

SANDEL. Pode haver uma nuance de diferença aqui. Vou tentar descrevê-la e você me dirá se a reconhece. Eu faria uma distinção menos acentuada, Thomas, entre as questões de identidade e as econômicas. Claro, concordo que a perda de empregos, em razão das políticas comerciais da era da hiperglobalização, provocou enorme impacto político e não só angariou apoio para figuras como Trump e Marine Le Pen como promoveu a disrupção dos fluxos de capital e da financeirização da economia sem entraves. Porém, há dois tipos de efeitos aqui. Um é o efeito econômico direto: a perda de empregos e a estagnação salarial. O outro é um efeito relacionado a uma política de identidade entendida de modo mais abrangente do que apenas políticas de fronteiras ou migratórias – a identidade no sentido de versar sobre as expressivas dimensões da política. Já discutimos a dignidade e o reconhecimento. E me parece que as pessoas que viviam em cidades industriais vazias foram vítimas não só da estagnação salarial ou da perda de emprego. Também foram vítimas da sensação de que o restante da sociedade, ou aqueles que a governavam, não se importavam com eles como concidadãos, não os reconheciam, tampouco respeitavam ou se preocupavam com sua dignidade.

PIKETTY. E até os estigmatizaram como responsáveis pela mudança climática.

SANDEL. Sim. Sua linguagem de estigma tem como base a linguagem de reconhecimento, de identidade.

PIKETTY. Concordo, sem sombra de dúvida. Afinal de contas, isso acabou se transformando em questão de identidade.

SANDEL. Muito bem, então quero relacionar essa noção de estigma, de elites olhando de cima para baixo, à política de identidade, no sentido de que ela faz parte da política de reconhecimento e pertencimento. Da forma como vejo o futuro da esquerda, enquanto o discutimos em termos retrospectivos como um diagnóstico, mas também de modo prospectivo quanto ao que seria

O FUTURO DA ESQUERDA: ECONOMIA E IDENTIDADE

necessário para criar as condições para uma política social-democrática, parece impossível ignorar a política de reconhecimento. Essa é uma espécie de política de identidade, embora não seja a mesma...

PIKETTY. Não, não é a mesma.

SANDEL. Mas é preciso articulá-la e, ao fazer isso, temos de reconhecer e mencionar as queixas.

PIKETTY. Mas não é a mesma.

SANDEL. Mas ainda é parte desse território. Não se trata de algo meramente econômico, como a perda de emprego.

PIKETTY. Não existe algo meramente econômico. Trata-se sempre de algo multidimensional. Estamos falando de um conjunto de aspirações. Já nos referimos ao fato de serem estigmatizados por terem carros. Então, sim, em última instância, trata-se de identidade, mas de uma forma bem diferente da identidade que sublinha as origens étnicas, a religião ou a cor da pele.

SANDEL. Faz sentido.

135

IGUALDADE

PIKETTY. Sim, e a esquerda tem que dialogar, de fato, com esse tipo de identidade e responder a ela. Acredito que a crítica feita por Trump e Le Pen, e que funciona em termos políticos – talvez em particular nos Estados Unidos – é o antielitismo. Nos idos de 1960, 1970 e 1980, a elite econômica, a elite educacional, em resumo, toda a elite votava nos republicanos. O Partido Democrata obtinha resultados baixíssimos entre os eleitores das elites. Atualmente, se examinarmos os dados, a situação é muito diferente, e estou usando o mesmo tipo de dados tanto para os Estados Unidos quanto para as recentes eleições francesas. No âmbito local, se observadas as áreas elegantes, os moradores dos lugares mais afluentes, em termos históricos, votariam nos republicanos. Mas a situação mudou. E começou bem antes de Trump e, de certa forma, graças a essa mudança, possibilitou a ascensão de Trump. Agora, nos locais em que há maior concentração de pessoas ricas, vencem os candidatos democratas, o que possibilitou o surgimento dos republicanos de Trump. Mas poderia ser outra pessoa a dizer: "Vejam só, esses sujeitos fingem ser a favor da igualdade, mas todos não passam de uns mentirosos. Na verdade, apenas defendem os próprios privilégios." Basta ver onde estão. Sim, eles estão em Harvard, mas também estão nas áreas mais sofisticadas do país.

O FUTURO DA ESQUERDA: ECONOMIA E IDENTIDADE

Quero que os democratas percam seus votos nas áreas mais abastadas. Enquanto eles contarem com a maioria de votos nesses locais, isso significa que tem algo errado em suas propostas, e eles não obterão votos nas regiões mais pobres. Isso quer dizer que sempre serão retratados pelo outro lado como elitistas. Mas o caminho para atrair as classes não pertencentes à elite não é uma disputa com os republicanos no que diz respeito à identidade, no sentido de preocupação com os imigrantes.

SANDEL. Não, nesse sentido, não. O que você diz me faz lembrar de uma experiência vivida no inverno de 2024. Minha família e eu fomos passar férias na Flórida. Eu entrei em um elevador no local onde estávamos hospedados. Uma idosa me perguntou: "De onde o senhor é?" Respondi: "De Boston." Só disse isso. Ela redarguiu: "Sou de Iowa." (Iowa é um estado no centro do país, na região centro-oeste rural.) E então acrescentou: "Nós sabemos ler em Iowa." Fiquei sem palavras. Eu não tinha dito que era de Harvard. Apenas disse ser de Boston. Então, quando saiu do elevador, a mulher comentou: "Não gostamos muito de gente das regiões costeiras." Isso, de certa maneira, é uma política de identidade. Não se trata de migração, mas de se sentir menosprezado. Trata-se de reconhecimento. Trata-se de dignidade.

IGUALDADE

Ao longo dessa conversa, discutimos três aspectos da igualdade. Um, o econômico, que trata da distribuição de renda e riqueza. O segundo, o político, que trata da voz, do poder e da participação. Assim, resta a terceira categoria, que trata da "dignidade", do "status", do "respeito", do "reconhecimento", da "honra" e da "estima". Meu palpite é que essas três dimensões são as mais potentes em termos políticos, e talvez mesmo em termos morais. Acredito também que qualquer esperança possível de reduzir a desigualdade nas primeiras duas dimensões, a econômica e a política, dependerá da criação de condições para uma maior igualdade de reconhecimento, honra, dignidade e respeito. É um palpite; não posso provar. O que você acha?

PIKETTY. Seu palpite me parece muito razoável. E para retornar a um dos temas aos quais já aludimos, creio que o tipo de pauta social-democrática promovida por Bernie Sanders e Elizabeth Warren – e, quem sabe, por candidatos mais jovens e talvez menos brancos no futuro – continuará nessa direção. Acredito que o avanço nesse sentido é um dos motivos para o sucesso dessa pauta, em especial entre os jovens eleitores – e quando digo "jovem" me refiro ao fato de que, entre os eleitores com menos de 50 anos, Bernie e Elizabeth

Warren ficaram muito à frente de Joe Biden. No meu entendimento, ao avançar nessa direção, o Partido Democrático será capaz de restabelecer a esperança e a sensação de reconhecimento de uma parcela do país mais ampla do que apenas a de Boston e São Francisco. Conclusões semelhantes também se aplicam à Europa e a outros continentes.

SANDEL. Para concluir nossa conversa, trouxe um trecho de um ensaio de Jean-Jacques Rousseau a respeito das origens da desigualdade.* Esse excerto se encaixa em um tema abordado em nossa conversa, Thomas, porque, a princípio, Rousseau parece situar as origens da desigualdade na invenção da propriedade. Contudo, em seguida, ele explica que mesmo essa invenção só foi possível graças a uma mudança de atitude relacionada com o modo como reconhecemos e olhamos uns aos outros. Então, eu gostaria de ler essa passagem e saber se você a interpreta do mesmo modo.

Inicialmente, a propriedade é a causa da origem da desigualdade: "O primeiro homem que, tendo cercado um terreno, se lembrou de dizer 'Isto é meu' e

---

* Jean-Jacques Rousseau, "Discurso sobre a origem e os fundamentos da desigualdade entre os homens" (1754).

encontrou pessoas simples o bastante para acreditar em suas palavras foi o verdadeiro fundador da sociedade civil." Rousseau prossegue. "Quantos crimes, quantas guerras, quantos assassinatos, quantas misérias e horrores" poderiam ter sido poupados se alguém houvesse "arrancado as estacas [e] gritado para seus semelhantes 'Não deem ouvidos a esse impostor. Estarão perdidos, caso se esqueçam de que os frutos da terra são de todos, e a terra é de ninguém'."

Essa afirmação em si tem uma tremenda potência. Mas então Rousseau acrescenta o seguinte: "Essa ideia de propriedade depende de várias ideias anteriores", uma "lenta sucessão de acontecimentos e aprimoramentos mentais." (Rousseau está sendo irônico ao usar a expressão "aprimoramentos mentais", pois lembre-se de que, para ele, a civilização traz em si uma espécie de corrupção.) Ele imagina um estágio primitivo de humanidade, quando as pessoas não eram autoconscientes e não se comparavam entre si. Então, com o passar do tempo, elas começaram a se agrupar ao redor de uma grande árvore, cantando e dançando: "Todos começam a observar os outros e a querer, por sua vez, ser observados [ou olhados]. E tornar-se digno da estima pública adquire valor. O melhor dançarino, o melhor cantor, o mais bonito, o mais forte, o mais hábil, o mais eloquente

O FUTURO DA ESQUERDA: ECONOMIA E IDENTIDADE

acaba sendo o mais respeitado." Essa competição por honra e reconhecimento, diz Rousseau, "foi o primeiro passo para a desigualdade". Acha que ele tinha razão?

PIKETTY. Precisaríamos passar mais tempo discutindo o texto de Rousseau, mas acredito que as duas partes de sua declaração são importantes. A segunda parte também pode estar relacionada com o que você diz acerca do mérito. Acredito que as origens da desigualdade e as origens dos problemas que precisamos abordar são múltiplas, e surgem tanto da desigualdade da posse de propriedades quanto da desigualdade de talento, para as quais as pessoas tentarão depois atribuir um significado moral, para assim justificar o vencedor e estigmatizar o perdedor. Tudo isso é importante e, na realidade, tudo isso se encontra no texto de Rousseau.

Mas uma coisa que Rousseau deixa bem claro, acredito eu, é que o problema não é tanto a primeira cerca nem o terreno inicial da propriedade privada, mas sim a acumulação ilimitada de propriedades. Essa ideia é bem clara em Rousseau, assim como a perspectiva que estou tentando desenvolver. O problema não reside em alguém ser dono de uma casa ou de um carro, mas sim na inacreditável concentração de propriedades nas mãos de poucos, o que ocorre em conjunto com a concentração de poder. Alguns têm muito poder; outros não têm controle algum.

Então, a riqueza e a posse de propriedades não se resumem à questão de dinheiro. Trata-se de barganhar o poder em relação à sua vida e em relação ao restante da sociedade. Quando não se é dono de nada ou quando só se tem dívidas – outra coisa que Bernie tentou abordar ao suprimir o débito estudantil –, é preciso aceitar qualquer condição de trabalho, qualquer salário, porque é preciso pagar o aluguel. Se a pessoa tem família, precisa pagar. Quando se tem apenas 100, 200, 300 mil dólares – bem, do ponto de vista de um bilionário, isso equivale a zero. Não há diferença entre esse valor e nada. Mas, na verdade, é muito diferente, porque a pessoa pode fazer planos. Ela pode comprar uma casa, talvez não em Nova York nem em Paris, mas em muitos outros lugares. É possível abrir um pequeno negócio. É possível começar a ser mais seletivo quando lhe oferecem empregos; e os empregadores e os proprietários não gostam nada disso. Mas talvez você queira ter o direito de ser mais exigente. Então, na verdade, trata-se de poder, de barganhar poder. Concordo com Rousseau: o problema é a acumulação, a acumulação sem limites da propriedade privada em si.

O FUTURO DA ESQUERDA: ECONOMIA E IDENTIDADE

SANDEL. Bem, cobrimos um vasto terreno na tentativa de explorar o significado da igualdade e os motivos de sua importância, abrangendo desde a renda e a riqueza até o poder e a voz, a dignidade e o reconhecimento. Como Rousseau, descobrimos que pensar no significado da igualdade nos incita a percorrer as teorias econômicas, filosóficas e políticas. Espero que continuemos essa conversa. Obrigado, Thomas.

PIKETTY. Obrigado, Michael.

Este livro foi composto na tipografia Minion Pro,
em corpo 11,5/16, e impresso em
papel off-white no Sistema Cameron da
Divisão Gráfica da Distribuidora Record.